U0840195

本书受教育部和国家留学基金委员会的资助，特此鸣谢！

电子支付
服务监管法律问题研究

DIANZI ZHIFU
FUWU JIANGUAN
FALÜ WENTI YANJIU

钟志勇◎著

中国政法大学出版社

2018·北京

目 录

绪　言

随着网络信息、通信技术的快速发展和支付服务分工的不断细化，越来越多的非金融机构借助互联网、手机等信息技术广泛参与支付业务。但是，随着电子支付服务业务范围、规模的不断扩大和新的支付工具推广以及市场竞争的日趋激烈，这个领域一些固有的问题逐渐暴露，新的风险隐患也相继产生，例如客户备付金的权益保障问题、预付卡发行和受理业务中的违规问题、反洗钱义务的履行问题、支付服务相关的信息系统安全问题以及违反市场竞争规则、无序从事支付服务问题等。这些问题仅仅依靠市场的力量难以解决，必须通过必要的法规制度和监管措施及时加以预防和纠正。中国人民银行亦于2010年发布了《非金融机构支付服务管理办法》及其实施细则，对包括预付卡（实为储值卡，即电子货币表现形式之一）在内的众多支付方式进行了初步规范。但是，该办法及其实施细则存在监管理念落后、监管范围过于宽泛而不清晰、监管手段不足、未建立豁免体制并且监管过于严厉等问题。因此，对于要不要监管、何时监管、运用哪些监管理念、采取何种监管体制、具体采用什么监管规则等问题需要仔细研究。

国内研究刚刚起步，虽然取得了一些研究成果，但是存在以下不足：其一，现有研究比较零碎而无系统性。这主要反映在尚无电子支付服务监管法律问题专著出版。其二，现有研究反映国外最新立法与研究成果不够，利用外文资料不够。例如，唐应茂著的《电子货币与法律》（法律出版社 2002 年版）涉及监管问题，但是部分内容早已过时；李仁真主编的《欧盟银行法研究》（武汉大学出版社 2004 年版）涉及电子货币机构业务监管，但是欧盟于 2009 年发布了新指令；张素华著的《网络银行风险监管法律问题研究》（武汉大学出版社 2004 年版），王蜀黔著的《电子支付法律问题研究》（武汉大学出版社 2005 年版），张德芬著的《小额电子资金划拨法研究》（郑州大学出版社 2006 年版），齐爱民、崔聪聪著的《电子金融法研究》（北京大学出版社 2007 年版），李爱君著的《电子货币法律问题研究》（知识产权出版社 2008 年版）都涉及电子货币监管，但是均以中文资料作为主要参考文献。其三，现有研究视野较窄、未能抓住主要问题且深度不够。陈健著的《电子支付法》（中国政法大学出版社 2006 年版）虽然充分利用了外文资料，但是主要涉及美国法律制度；李莉莎著的《第三方电子支付法律问题研究》（法律出版社 2014 年版）涉及监管问题，但是深度不够。有论文涉及消费者保护问题[1]，但是研究角度主要是私法；有论文研究了虚拟货币的运行机理与

[1] 参见张德芬：“电子货币交易的法律关系及法律规制”，载《法学》2006 年第 4 期。

性质及与电子货币的区别[1]，但是未涉及监管问题；有论文研究了电子货币监管体制并提出了相应建议[2]；有论文就第三方支付机构客户备付金管理提出了完善建议[3]；有官员研究了监管原则，但主要是为中国人民银行的监管提供理论支持[4]；亦有英文论文认为无需监管第三方支付机构[5]，但是研究范围均有限且不够深入。虽然有学者对第三方支付的国际监管经验做了比较研究，但是深度明显不够[6]；有学者分析了第三方支付态势以及监管问题，研究深度有了明显提升，但是比较研究范围有限[7]。而对重点和难点问题，例如电子支付服务的界定、监管理论和监管权力等少有研究。

国外研究起步较早，取得了一些有分量的研究成果。代表性著作有：英国 Mark Budnitz 等人对各种消费者性支付工具监管法律问题的研究[8]；美国 Ronald Mann 对支付卡市场发展与监

〔1〕 参见孙宝文、王智慧、赵胤研："电子货币与虚拟货币比较研究"，载《中央财经大学学报》2008 年第 10 期；孙宝文、王智慧、赵胤研："虚拟货币的运行机理与性质研究"，载《中央财经大学学报》2009 年第 10 期。

〔2〕 参见孙毅坤、胡祥培："电子货币监管的国际经验与启示"，载《上海金融》2010 年第 2 期。

〔3〕 参见方志敏："完善第三方支付机构客户备付金管理的几点建议"，载《中国金融》2010 年第 16 期。

〔4〕 参见欧阳卫民："非金融机构支付市场监管的基本原则"，载《中国金融》2011 年第 4 期。

〔5〕 See Li. W.，"Licensing and Retained Funds Regulation of Internet Third Party Payment Providers in China"，2009（2）*J. I. L. & Tech.*（JILT）.

〔6〕 参见巴曙松、杨彪："第三方支付国际监管研究及借鉴"，载《财政研究》2012 年第 4 期。

〔7〕 参见蒋先玲、徐晓兰："第三方支付态势与监管"，载《改革》2014 年第 6 期。

〔8〕 See Mark Budnitz and Margot Saunders，*Consumer Banking and Payments Law：Credit，Debit & Stored Value Cards，Checks，Money Orders，E-Sign，Electronic Banking and Benefit Payments*，Boston：National Consumer Law Center，2005.

管问题的研究[1]；欧盟 Despina Mavromati 以支付服务指令为例对支付服务法律制度有深入研究[2]；澳大利亚 Rhys Bollen 对支付服务法律以及监管问题进行了比较研究[3]；加拿大 Benjamin Geva 对电子资金划拨中的法律问题有独到的研究[4]。一些国际组织及其职员也发表了一系列调查报告，具有代表性的有：国际清算银行就电子货币、网络支付和移动支付发展情况的调查报告[5]；欧盟委员会就电子货币指令之评估的最终报告[6]；Phoebus Athanassiou 等人就电子货币机构现行趋势、监管问题与未来前景的工作论文[7]。此外，还有一些具有一定影响力的专题论文。例如，美国 Ronald Mann 研究了互联网支付中介机构监管问题[8]；Rhys Bollen 研究了澳大利亚支付机构监管问题[9]；

---

〔1〕 See Ronald Mann, *Charging ahead: The Growth and Regulation of Payment Card Markets around the World*, Cambridge: Cambridge University Press, 2006.

〔2〕 See Despina Mavromati, *The Law of Payment Services in the EU: The EC Directive Payment Services in the Internal Market*, Alphen: Kluwer Law International, 2008.

〔3〕 See Rhys Bollen, *The Law and Regulation of Payment Services: A Comparative Study*, Alphen: Kluwer Law International, 2012.

〔4〕 See Benjamin Geva, *The Law of Electronic Funds Transfers*, New York: Lexis Nexis, 2013, 3.

〔5〕 See Bank for International Settlements, *Survey of Developments in Electronic Money and Internet and Mobile Payments*, Basel: BIS, 2004.

〔6〕 See European Commission, *Evaluation of the E-money Directive (2000/46/EC): Final Report*, Brussels: EU, 2006.

〔7〕 See Phoebus Athanassiou & Natalia Mas-Guix, *Electronic Money Institutions: Current Trends, Regulatory Issues and Future Prospects*, Legal Working Paper Series No. 7, 2008, available at http://www.ecb.int.

〔8〕 See Ronald Mann, "Regulating Internet Payment Intermediaries", *Tex. L. Rev.*, 82 (2004), 681.

〔9〕 See Rhys Bollen, "A Review of the Regulation of Payment Facilities", *Journal of Banking and Finance Law and Practice*, 16 (2005), 324.

Jean Luyat 研究了欧盟与日本在储值卡上的监管分歧对市场的影响〔1〕；日本 Nobuhiko Sugiura 研究了电子货币的法律现实与未来挑战〔2〕；Tarazi Michael 等人比较研究了非银行电子货币发行商的客户备付金监管问题〔3〕；等等。但是，即使在国外，这些支付服务亦属于新事物，因此对它的研究也不够深入、系统性亦不强。国外学者对于支付服务的主要问题亦未能达成共识，监管实践也呈现出较大差异。

归纳起来，国外有以下几种立法模式：其一，专门立法，以欧盟及其成员国、马来西亚、印度尼西亚为代表。欧盟早在2000 年就通过了《电子货币指令》，但是该指令阻碍了市场发展与技术创新，而 2009 年的新指令则大大放松了管制。欧盟于2007 年还通过了《支付服务指令》，为电子支付服务确立了监管制度，2015 年又通过了新指令。而且，英国通过立法设立了“支付系统监管局”〔4〕。该局于 2014 年成立，2015 年正式运作。其二，将新型支付服务纳入支付系统立法，监管较为宽松，以澳大利亚、新加坡、日本为代表。澳大利亚通过 1998 年《支付系统（监管）法》监管“已购支付设施”和“储值卡持有人”，

〔1〕 See Jean Luyat, “A Tale of Regulation in the European Union and Japan: Does Characterizing the Business of Stored-Value Cards as a Financial Activity Impact Its Developments?”, *Pacific Rim Law & Policy Journal*, 18 (2009), 525.

〔2〕 See Nobuhiko Sugiura, “Electronic Money and the Law: Legal Realities and Future Challenges: From Juristuto No. 1361”, Translated by Jean Luyat, *Pacific Rim Law & Policy Journal*, 18 (2009), 512.

〔3〕 See Michael Tarazi and Paul Breloff, *Nonbank E-Money Issuers, Regulatory Approaches to Protecting Customer Funds*, Washington D. C.: CGAP (the Consultative Group to Assist the Poor), 2010.

〔4〕 See Article 40 of Financial Services (Banking Reform) Act 2013.

通过2001年《公司法》监管"非现金支付设施"；新加坡通过2006年《支付系统（监管）法》监管"储值设施"；日本于2009年通过的《支付服务法》[1]亦取代了1989年的《预付式证票规制法》，并以此规范新型支付。其三，修订旧法以规范新型支付服务，以美国为代表。虽然联邦政府一直采取观望态度，但是绝大多数州通过修订货币服务法或者货币汇兑法对新型支付进行监管。统一州法全国委员会于2004年最新修订的《统一货币服务法》亦明确将网络支付和储值卡纳入法律规范的范围。此外，韩国于2006年通过了《电子金融交易法》[2]，对包括电子货币在内的所有电子支付交易进行了规范而自成一类。

本书的研究主题为电子支付服务监管法律制度，涉及六个核心问题，分别为概念界定、监管主体、市场准入、市场监管、消费者权益保护和电子货币监管。

第一章为电子支付服务中的概念界定问题，包括电子资金划拨、电子支付、支付服务、电子支付服务。电子资金划拨通常仅指以电子方式在金融机构账户之间进行的资金划拨，而电子支付泛指任何通过电子设备进行的支付，其法律内涵不太容易确定。支付服务是一个比较合适的概念，而为与《票据法》相对，建议我国采用"电子支付服务"。该概念应该包括"经营""促进"和"促成"支付的所有必要服务，而支付"直接通过电子设备发出支付指令"进行。

第二章为电子支付服务中的监管主体问题，包括重构监管主

---

〔1〕 此名称根据其官方英文译本 Payment Services Act 翻译而来。

〔2〕 此名称根据韩国立法研究所提供的官方英文译本 Electronic Financial Transaction Act 翻译而来。

体的必要性、监管目标、监管机构设置、监管对象、监管权力。重构支付系统监管主体的必要性，在于中国人民银行监管的法律依据不足，监管主体之间职责交叉，中国人民银行承担的角色过多。支付系统监管的目标为竞争、创新、服务使用者与经营稳健。建议将中国人民银行支付结算司重组为相对独立的支付系统监管局，并将零售支付系统确定为监管对象。该局应该拥有指示权、针对系统管理规则提出要求的权力、要求运营商同意他人接入的权力、协议修改权，包括确定最高收费的权力、要求所有人处置其支付系统利益的权力以及反垄断执法权。

第三章为电子支付服务中的市场准入问题，包括豁免制、注册制与许可制的选择，机构准入问题和业务准入问题分析。支付机构应该为“非银行金融机构”，而“支付服务”应采用广义解释。建议将近期目标定为建立豁免制并放松机构许可条件，中期增加注册制，远期取消许可制而仅保留注册制和豁免制或者直接采用宽松的注册制。放松对机构组织形式的要求，让合伙企业或者个人独资企业也能合法注册，大幅度降低注册资本并区分不同机构甚至不同业务提出的不同的要求，取消对股东资质的要求，详细规定拒绝注册或者许可事由。采用“电子资金划拨”的概念取代“网络支付”并将其定义为支付机构提供的任何资金划拨，包括网上支付、移动支付、电话支付、电视支付等。

第四章为电子支付服务中的市场监管问题，包括监管模式、监管目标、监管原则、监管措施。支付服务市场宜同时采用机构监管与功能监管的模式并明确行为监管的目标为竞争、创新、经营稳健以及服务使用者，将依法监管、适度监管和分类监管确定为三个最值得坚持的原则。保留备付金专户存储的要求，取消比例要求以及商业银行协作监督，允许用信托、保单或者担保取代专户存放。允许运用备付金进行“投资”，通过信托形式将收益分配给支付机构，并逐步扩大投资范围。将“中国人民银行确定的其他支付服务”修正为“中国人民银行确定的其他业务”，并通过个案审批方式逐步扩大业务范围，甚至允许有限制地发放支付结算贷款。

第五章为电子支付服务中的消费者权益保护问题，包括支付服务风险承担机制的经济分析、责任承担规则、信息披露制度和错误处理程序。经济分析的结果显示：持卡人或者支付当事人严格承担限额以下的责任，而银行或者支付机构严格承担限额以上的责任。银行卡和电子支付服务责任规则应该建立在有责任限制的无过错责任之上。未获授权使用时持卡人或者用户承担的责任应限制在1000元以内，发卡银行或支付机构未交付或者未及时支付时承担的责任应该限制在2倍手续费以内。信息披露制度应该规定实时披露规则、明确条款修正时的披露规则并规定民事责任。完善错误处理程序时应该界定错误、明确时间限制并对未作善意调查或者在认定未发生错误时无合理根据或故意认定错误不存在的情况规定民事责任。

第六章为电子支付服务中的电子货币监管问题，包括电子货币界定、电子货币发行资格准入、消费者保护和电子货币监管。未来立法可以采纳欧盟做法，将电子货币界定为发行商在收受资金后发行的一种货币价值请求权，以电子方式存储，用于支付交易并为第三者所接受。将电子货币存储金额限制在1000元以保护消费者，建立豁免体制，明确豁免条件，并要求豁免机构提交报告。

第一章

电子支付服务中的概念界定问题

随着电子商务的发展，电子支付亦获得了长足发展。2017 年，银行业金融机构共处理电子支付[1]业务 1526 亿笔，金额 2419 万亿元。[2] 与此同时，各种支付方式不断涌现，令人目不暇接，例如网上支付、电话支付、电视支付、移动支付、快捷支付[3]、二维码支付[4]、

---

〔1〕 电子支付是指客户通过网上银行、电话银行、手机银行、ATM、POS 和其他电子渠道，从结算类账户发起的账务变动类业务笔数和金额。包括网上支付、电话支付、移动支付、ATM 业务、POS 业务和其他电子支付等六种业务类型。

〔2〕 2017 年支付体系总体运行情况，http：//www. pbc. gov. cn/zhifujiesuansi/128525/128545/128643/3492272/index. html，2018 年 5 月 7 日访问。

〔3〕 快捷支付指用户购买商品时，不需开通网银，只需提供卡号、户名、手机号码等信息，银行验证号码正确后，第三方支付发送手机动态口令，用户输入正确的动态口令，即可完成支付。定义来源于百度百科，http：//baike. baidu. com/view/5530178. htm？ fr = aladdin，2014 年 9 月 29 日访问。

〔4〕 二维码支付是一种基于账户体系搭起来的新方案。商家可以把账号、商品价格等交易信息汇编成一个二维码，并印刷在各种载体上发布，而用户通过手机客户端扫拍二维码，便可实现与商家支付宝账户的支付结算。资料来源于百度百科，http：//baike. baidu. com/view/9593063. htm？ fr = aladdin，2014 年 9 月 29 日访问。

微信支付[1]等。然而，各国立法采用的概念与此不一。在不断创新的消费性电子支付领域采用一个合适的概念并从法律上对其进行界定是一个比较困难的问题。本章拟比较研究“电子资金划拨”“电子支付”“支付服务”和“电子支付服务”四个关键概念并探讨我国未来的立法选择。[2]

一、电子资金划拨

作为一种新技术，电子资金划拨于20世纪70年代中期在美国出现。1978年，美国通过了《电子资金划拨法》。该法将其定义为支票、汇票或者类似纸质工具之外，通过电子终端、电话、计算机或者磁带发出命令、指示或授权金融机构借记或者贷记账户的任何资金划拨，包括但不限于销售点划拨、自动柜员机交易、直接存款或者取款、电话发起的划拨[3]、借记卡交易导致的划拨[4]。美国联邦储备委员会《E条例》及其官方解释已经过多次修订，电子资金划拨范围亦已被多次扩大，包括自动柜员机或者其他电子终端存款、自动清算所划拨、预先授权通过磁带指令进行的账户借记或者贷记划拨、在商家营业场所使用借记卡导致消费者账户变动的划拨、顾客提供支票以授

〔1〕微信支付用户只需在微信中关联一张银行卡，并完成身份认证之后即可购买合作商家的商品以及服务。在支付时只需在自己的智能手机上输入密码，无需任何刷卡步骤即可完成。资料来源于百度百科，http://baike.baidu.com/view/10750148.htm?fr=aladdin，2014年9月29日访问。

〔2〕参见钟志勇：“电子支付服务中的关键概念及立法选择——兼评中美电子支付服务世贸组织争端案”，载《吉林金融研究》2015年第3期。

〔3〕See §903 (7) of Electronic Fund Transfer Act 1978 (revised 2010).

〔4〕See §1005.3 (b) (V) of Regulation E 2013.

权商家或者其他受款人获取汇款路径、账户及序列号码以发起通过自动清算所划拨、顾客通过计算机或者其他电子手段在账单支付服务下进行的划拨。[1]

美国针对这一领域的立法分散且法律适用复杂。1978 年《电子资金划拨法》适用于借记卡、多用途预付卡[2]等，但不适用于信用卡。[3]该法主要是一部消费者权利保护法，其未涉及事项以及属于资金划拨的“汇兑”则适用 1989 年通过的《统一商法典 4A 篇》。[4]《电子资金划拨法》适用于零售性或者消费者性交易，而《统一商法典 4A 篇》适用于批发性或者商业性交易。[5]《统一商法典 4A 篇》标题为“资金划拨”，适用贷记划拨但不适用借记划拨[6]，而《电子资金划拨法》则两者同时适用。此外，美国还有不少非金融机构提供货币汇兑等服务并适用各州通过的《货币服务法》或者《货币汇兑商法》。2004 年修订的《统一货币服务法》将“货币服务”定义为货币汇兑、支票兑换和外汇兑换，而电子货币、网上代币、网上资金划拨、网上账单支付服务等都可能属于货币汇兑。[7]

---

〔1〕 See § 3（b）（1）of Official Interpretations of Regulation E 2013.

〔2〕 多用途预付卡指任何人发行的卡或者其他支付符号或设备并满足以下条件：①被多个无关联关系的商家或者服务提供商接受；②依据请求金额发行；③以预付形式购买或者充值；④提示后可以在商家处购买货物或者服务或在自动柜员机上使用。See §915（a）（2）（A）of Electronic Fund Transfer Act 1978（revised 2010）.

〔3〕 美国信用卡消费者保护规则适用 1968 年《诚实信贷法》及联邦储备委员会《Z 条例》。

〔4〕 See § 4A-108 of U. C. C 2012.

〔5〕 See Július Kišš，“International Payments Law Reform：Introduction of Global Code of Payments”，*Banking & Financial Law Review*，25（2009），410.

〔6〕 参见刘颖：《电子资金划拨法律问题研究》，法律出版社 2001 年版，第 151 页。

〔7〕 See Section 102 and Prefatory Note of Uniform Money Services Act（revised 2004）.

1986 年，澳大利亚《电子资金划拨行为守则》获得通过。这是一部自愿性行为准则而非法律。除金融服务提供商外，还有第三方服务提供商加入守则。[1]该守则第 1 条第 2 款规定，从或者向电子资金划拨账户转移价值即为资金划拨，包括两个电子资金划拨账户之间或者一个电子资金划拨账户和另一个其他账户之间的划拨。[2]对比美国立法定义，该界定不仅累赘且缺少针对性。1989 年守则规定其适用于个人通过电子终端结合使用电子资金划拨塑料卡和密码发起的交易。该规则简洁、明确，但是排除了新技术，例如网络或者电话银行业务。[3]此外，联合国国际贸易法委员会于 1992 年通过了《国际贷记划拨示范法》[4]，而欧盟也于 1997 年发布了《跨境贷记划拨指令》[5]。然而，该指令已被 2007 年通过的《支付服务指令》废除。[6]

电子资金划拨的核心是以电子通讯取代票据或者类似纸质工具传递支付信息，资金本身尚需实时或者延时结算，属于支付工具的电子化。电子资金划拨与电子支付的概念几乎同时出现，可以等同。只不过在实践中，电子资金划拨偏重的是实质性，强调支付结算的内在实质是资金结算双方账户内资金的借

---

〔1〕 See The Australian Securities & Investments Commission, *Compliance with the EFT Code of Conduct*, Sidney: ASIC, 2004, p. 9.

〔2〕 See Electronic Funds Transfer Code of Conduct 2008 (revised 2012).

〔3〕 See Paul White, Sardar Islam, *Formulation of Appropriate Laws: A New Integrated Multidisciplinary Approach and an Application to Electronic Funds Transfer Regulation*, Sidney: Springer, 2008, p. 8.

〔4〕 See UNCITRAL Model Law on International Credit Transfers.

〔5〕 See Directive 97/5/EC on Cross-border Credit Transfers.

〔6〕 See Directive 2007/64/EC of the European Parliament and of the Council of 13 November 2007 on Payment Services in the Internal Market Amending Directives 97/7/EC, 2002/65/EC, 2005/60/EC and 2006/48/EC and Repealing Directive 97/5/EC.

记或者贷记划拨，而电子支付更注重形象性，强调支付结算的外在过程是由一方通过电子媒介向另一方完成资金收付。[1]其实，电子资金划拨并非“电子资金”划拨，即资金本身并未“电子化”。[2]而且，1978 年《电子资金划拨法》只适用于金融机构通过账户进行的小额划拨，《统一商法典 4A 篇》则适用于大额电子资金划拨，但均无法适用于非金融机构通过或者不通过账户提供的电子支付服务。2004 年修订的《统一货币服务法》适用于非银行金融机构，“货币”亦可解释为包括“货币价值”，但是某些支付服务难以解释为“货币汇兑”，例如支付通道服务。[3]最后，从主要国家的实践来看，只有美国法律直接采用“电子资金划拨”这一概念。澳大利亚原来采用此概念，但从 2011 年起改采“电子支付”。

二、电子支付

电子支付是指采用一切电子技术所进行的资金转移。[4]澳大利亚《电子支付守则》于 2011 年获得通过并取代了先前的《电子资金划拨行为守则》。守则适用于使用电子设备发起且不打算通过比较手写签字与样本签字来认证的支付、资金划拨和

---

〔1〕 参见齐爱民、徐亮：《电子商务法原理与实务》，武汉大学出版社 2001 年版，第 150～151 页。

〔2〕 资金本身电子化指以电子信息完全取代传统支付手段，例如现金、票据等，信息的传递本身就是资金的流转，如电子货币。

〔3〕 支付通道服务指在网上购物中，支付服务公司仅在商家与银行之间架起一座通道，即提供支付网关，实际支付需要通过银行完成。

〔4〕 参见齐爱民、崔聪聪：《电子金融法》，北京大学出版社 2007 年版，第 149 页。

取款，具体适用于以下交易：①电子卡交易，包括自动柜员机卡、销售点终端电子资金划拨卡、信用卡和借记卡交易；②电话银行业务和账单缴付交易；③ 互联网银行交易，包括“付给任何人”；④使用卡号和有效期的线上交易；⑤线上账单支付；⑥使用非接触式设备和预付卡进行的交易；⑦直接借记；⑧使用电子缴费设备进行的交易；⑨使用移动设备进行的交易；⑩使用公共交通电子售票设施进行的交易；⑪邮购交易；⑫证券和投资委员会指定适用本守则的任何其他交易。[1]守则采用“电子支付”概念，并通过列举方式明确其适用范围，但是列举显得杂乱无章，各种支付方式之间并不一定具有排他性。而且，某些支付方式可能难以构成“支付服务”，例如邮购交易。

2006 年，韩国《电子金融交易法》获得通过。“电子支付交易”被界定为付款人通过电子支付工具指示金融机构或者电子金融业务运营商向收款人划拨资金的任何电子金融交易[2]，而“电子支付手段”被界定为电子资金划拨[3]、电子借记支付工具[4]、电

---

〔1〕 See § § 2.4 –2.5 of ePayments Code 2011 (revised 2012).

〔2〕 电子金融交易指金融机构或者电子金融服务提供商通过电子设备提供金融产品或服务而使用者采非面对面和自动方式且无需与其雇员进行直接接触的任何交易。

〔3〕 电子资金划拨指通过一种旨在在付款人和收款人之间转移资金的电子设备，将资金从一家金融机构或者电子金融业务运营商的账户转至另一账户的任何划拨。

〔4〕 电子借记支付手段指金融机构或者电子金融业务运营商发行的任何证书或其信息并能在提供货物或者服务的同时付款，方法是采用电子形式将金融机构账户上的资金在使用者和连锁商店之间进行划转。

子预付手段[1]、电子货币[2]、信用卡、电子债券[3]或者其他采用电子方式的支付手段。韩国采用“电子支付交易”概念，列举并界定了几种主要的电子支付手段。而且，韩国将电子支付手段分得较细，这可能并无必要，例如电子借记支付工具就属于电子资金划拨，电子预付手段实为电子货币，不过其使用范围较窄。最后，无论电子支付交易还是电子支付手段，均难以涵盖某些类型的电子支付服务，例如支付通道服务和支付卡信息转接服务。

2005年，中国人民银行发布了《电子支付指引（第一号）》。[4]“电子支付”被界定为单位、个人直接或者授权他人通过电子终端发出支付指令，实现货币支付与资金转移的行为。该指引和澳大利亚2001年《电子支付守则》一样不具有强制性，仅适用于银行业金融机构，而澳大利亚守则还适用于其他电子支付设施提供商。[5]目前世界上的主要国家中还没有一个在立法中直接采用“电子支付”这一概念，原因可能有：首先，

---

〔1〕 电子预付手段指以电子形式发行并以证书或者其信息存储可转让货币价值，不包括电子货币且符合以下要求：①能在发行商之外的第三者处购买货物或者服务并付款；②能在不少于两个商业领域中使用。

〔2〕 电子货币指以电子形式发行并以证书或者其信息存储可转让货币价值且符合下列要求：①使用区域以及连锁店数量符合总统令规定的标准；②符合电子预付手段要求；③能在不少于五个商业领域中购买商品或者服务；④发行数量为等值现金或者存款；⑤发行商担保以现金或者存款兑回。

〔3〕 电子债券指以电子文件记载并符合下列要求的债权人货币债券：①由债务人指定债权人；②在电子债券中记载债务内容；③记载经认证的数字签名；④通过金融机构在电子债券经营管理处注册登记；⑤由债务人传递符合前三项要求的电子文件并由债权人接受。

〔4〕 中国人民银行公告［2005］第23号。

〔5〕 See About this Code of ePayments Code 2011 (revised 2012).

电子支付可以泛指任何通过电子设备进行的支付，其法律内涵不太容易确定；其次，不是所有电子支付都需要立法来规范，例如支付机构之间的电子支付通过行业自律规章规范即可；最后，电子支付意味着以电子方式付款，难以适用于某些不付款的支付服务，例如中方在电子支付服务世贸组织争端案中就主张，中国银联并不向任何人“支付”或者“划拨货币”。[1]

三、支付服务

2007 年，欧盟通过了《支付服务指令》。[2]该指令采用创新思路，从监管支付工具转向支付服务。[3]尽管如此，指令附件所列举的支付服务分类存在较大问题。“现金存入支付账户以及所有操作”“从支付账户中取款以及所有操作”仅指存款与取款服务，并非严格意义上的支付服务。“直接借记，通过支付卡或者类似工具，或者贷记划拨而进行的支付交易”因使用自有资金或者贷款而区分为两类可能并无太多必要。“发行和/或收取支付工具”存在措辞不当问题，因而 2015 年新《支付服务指令》将其修正为“发行支付工具和/或为支付交易收单”。[4]“指令经电信、数字或

---

〔1〕 See Paragraph 7.94 of China – Certain Measures Affecting Electronic Payment Services: Report of the Panel, 2012.

〔2〕 See Directive 2007/64/EC on Payment Services and Repealing Directive 97/5/EC.

〔3〕 See Maria Malaguti, “The Payment Services Directive Pitfalls between the Acquis Communautaire and National Implementation”, in Europe Credit Research Institue Research Report No. 9, 2009, Brussels: ECRI, §2.1.

〔4〕 See Annex I of Directive 2015/2366 on Payment Services in the Internal Market, Amending Directives 2002/65/EC, 2009/110/EC and 2013/36/EU and Regulation (EU) No 1093/2010, and Repealing Directive 2007/64/EC.

者信息技术设备传递，款项付给仅在使用者与商品和服务提供者之间充当中介的电信、信息技术系统或者网络运营商的支付交易”[1]无法将以网上银行业务为依托而提供服务的第三方支付服务提供商纳入指令，因此新指令将其修正为“以进入支付账户为基础，采取支付启动服务[2]、账户信息服务[3]，由不属于账户服务机构的支付机构提供的服务”。唯一没有问题的是货币汇兑。[4]然而，使用电子货币[5]进行支付的交易履行规则适用《支付服务指令》，而电子货币发行和电子货币机构审慎监管规则适用《电子货币指令》[6]。这是一个分割的体制，电子货币属于支付工具，

---

〔1〕 See Proposal for a Directive of the European Parliament and of the Council on Payment Services and Amending Directives 2002/65/EC, 2013/36/EU and 2009/110/EC and Repealing Directive 2007/64/EC, 2013.

〔2〕 支付启动服务指第三方支付服务提供商授权进入支付账户而提供服务，付款人可以积极参与支付启动或者使用其软件，或付款人或者收款人使用支付工具将付款人身份验证信息传递给账户服务机构。

〔3〕 账户信息服务指一种支付服务，该服务将用户在一个或者几个账户服务机构的一个或者几个账户的信息以界面友好的方式合并呈现。

〔4〕 英国有关咨询文件明确，第3类业务包括转让电子货币；第6类还包括遵循汇兑模式的账单支付服务；第7类中的“电信设备”包括移动或者固定电话和掌上设备。See Implementation of the Payment Services Directive: A Summary of Consultation Responses, 2008. 有关指南明确，第3、4类包括通过直接借记、支付卡、电子支票或者贷记划拨和透支便利；第5类包括发行信用卡、借记卡和电子货币，还可能包括带密码的电话支付或者网上支付安排；第7类中的“电信设备”还包括台式或者笔记本电脑、个人数字助理和互动电视等。

〔5〕 电子货币指以电子方式，包括电磁方式存储货币价值，代表发行商收受资金后发行的旨在用于支付交易的一种请求权，并被发行商之外的自然人或者法人所接受。See Article 2 of Directive 2009/110/EC of the European Parliament and of the Council of 16 September 2009 on the Taking up, Pursuit and Prudential Supervision of the Business of E-lectronic Money Institutions Amending Directives 2005/60/EC and 2006/48/EC and Repealing Directive 2000/46/EC.

〔6〕 See Recital (9) of Directive 2007/64/EC on Payment Services and Repealing Directive 97/5/EC.

可以纳入《支付服务指令》。对比日本的有关立法，2000 年《电子货币指令》就不太成功，因为其阻碍了储值卡的发展。[1]

2007 年《支付服务指令》第 3 条列举了 14 种不予适用的情形。“现金直接交易”和“依据纸质支票、汇票、抵用券、旅行支票、邮政汇票进行的交易”不予适用，旨在使该指令主要适用于电子支付服务。“支付或者证券结算系统中的交易”和“支付服务提供者、代理人或者分支机构之间的支付交易”不予适用的目的在于使该指令只适用于向客户提供的服务。[2]以下不予适用的情形均存在某些问题：①授权商业代理人代表卖方或者买方谈判或达成出售或者购买商品或服务并且付款的交易[3]；②仅能在发行者或者少数几个服务商处使用或仅能购买少数商品或者服务的支付工具[4]；③通过任何电信、数字或者信息技术设备执

---

〔1〕 See Jean Luyat, “A Tale of Regulation in the European Union and Japan: Does Characterizing the Business of Stored-Value Cards as a Financial Activity Impact Its Developments?”, *Pacific Rim Law & Policy Journal*, 18 (2009), 25.

〔2〕 See Maria Malaguti, “The Payment Services Directive Pitfalls between the Acquis Communautaire and National Implementation”, in Europe Credit Research Institute Research Report No. 9, 2009, Brussels: ECRI, §2. 5.

〔3〕 2015 年新《支付服务指令》已经修正“商业代理人”豁免，其仅适用于或代理卖方或买方，不适用于同时代理。现行豁免正不断被同时代理双方的某些电子商务平台利用，这与豁免目的相违，因此应该受到进一步限制。See Detailed Explanation of Proposal for a Directive on Payment Services and Repealing Directive 2007/64/EC, 2013.

〔4〕 仅能在发行者处使用的有员工餐卡、旅行社卡、百货店卡等，仅能在少数服务机构或者购买少数商品或服务的有交通卡、石油卡、会员卡等，但一般不包括“城市卡”。是否构成“少数”最终由法院裁判。See Q40 of Guidance on the Scope of the Payment Services Regulations 2013.

行的支付交易[1]；④代表一个或者一个以上支付卡发行商提供自动柜员机取款服务[2]。此外，技术服务机构提供的服务亦不适用该指令。欧盟认为，不适用的主要原因在于技术服务机构从不与用户形成直接关系。其实，这些机构只是提供基础设施，而不是金融服务本身，即其从不占有被划拨的资金。[3]

2009 年，日本《支付服务法》获得通过并取代了 1989 年《预付式证票规制法》。该法适用于“资金划拨服务”和“预付式支付工具”。资金划拨服务指银行之外的他人在正常营业过程中执行的资金划拨交易，而预付式支付工具包括：①收受对价后发行记载了或者以电磁方式记载了相应金额的证书、电子设备或其他物品，或者数字、标志或其他符号，在提示、交付、通知或者采用其他方法时可以由他人用于支付发行商或其指定人提供的商品租售或者服务；②收受对价后发行了相应商品或者服务数量的证书等，在提示等情形下可以主张交付或者提供上述商品或服务。[4]根据该法，支付服务分类虽简单但每一类服务内容较为丰富，例如资金划拨服务涵盖所有划拨而不论通过何种支付方式。不过，资金划拨服务不适用于银行，而预付

---

〔1〕 2015 年新《支付服务指令》将其修正为“无论使用何种设备，电子通信网络或者服务商用户购买作为附属服务的数字内容而进行的单笔价值不超过 50 欧元，每月累积不超过 300 欧元的支付交易”。See Article 3 (1) of Directive 2015/2366 on Payment Services in the Internal Market.

〔2〕 该豁免为银行取消其自动柜员机网络与其他支付服务提供者之间的现有合同提供了动力，目的在于能够直接向消费者收取高额费用，因此 2015 新《支付服务指令》已经将其删除。

〔3〕 See Maria Malaguti, “The Payment Services Directive Pitfalls between the Acquis Communautaire and National Implementation”, in Europe Credit Research Institute Research Report No. 9, 2009, Brussels: ECRI, §2. 5.

〔4〕 See Articles 2 (2) and 3 (1) of Payment Services Act 2009.

式支付工具还包含通常不算支付手段的商业预付卡。

四、电子支付服务

中国人民银行于2010年制定了《非金融机构支付服务管理办法》[1]。该《管理办法》第2条将“电子支付服务”界定为非金融机构在收付款人之间作为中介机构提供的货币资金转移服务。该概念由“非金融机构”和“支付服务”复合而成，但使用该概念并不恰当。新兴支付机构应该为“非银行金融机构”。支付机构不吸收存款，不是银行，但从事属于金融业务的支付业务。同时，支付机构为金融监管对象，如果其属于非金融机构，由金融监管机构监管就不合适。美国将货币服务企业归为非银行金融机构[2]，而欧盟亦将电子货币机构归为金融机构[3]。有人主张，支付机构没有获得金融许可证，不属于非银行金融机构。[4]其实，这主要源于中国人民银行不愿意将监管权交给中国银行业监督管理委员会（以下简称“银监会”）[5]。由于银监会负责向金融机构发放金融许可证，中国人民银行只好将其定位于非金融机构并发放支付业务许可证。如果能解决银监会垄断金融许可证发放问题，中国人民银行也不必扭曲支

---

〔1〕 中国人民银行令〔2010〕第2号。

〔2〕 See Prefatory Note of Uniform Money Services Act (revised 2004).

〔3〕 See *Opinion of the ECB on a Proposal for a Directive on the Taking up, Pursuit and Prudential Supervision of the Business of Electronic Money Institutions*, 2009, p. 1.

〔4〕 参见李莉莎：《第三方电子支付法律问题研究》，法律出版社2014年版，第62页。

〔5〕 根据2018年3月第十三届全国人民代表大会第一次会议批准的国务院机构改革方案，设立中国银行保险监督管理委员会，简称“银保监会”。

付机构的法律性质。或者，如果中国人民银行能放弃监管支付机构，银监会亦能对其发放金融许可证。中国人民银行是支付体系的法定监管者[1]，但是直接监管支付机构并不恰当。宏观审慎监管为中国人民银行职责之一，如果支付机构属于系统重要性金融市场基础设施，就有必要由其直接监管。然而，大量支付机构并不属于这种设施，对这些机构的微观审慎监管应由其他机构负责。即使属于这种设施，微观审慎监管也应该由其他机构负责。当然，一个机构由两个监管机构以不同目标同时监管需要打破监管权垄断，亦需要从机构监管过渡到目标监管。中国人民银行在支付机构监管上积累了大量经验，与其将微观审慎监管交给银监会，还不如在中国人民银行内部设立具有相对独立的支付系统监管局。建议明确支付机构为非银行金融机构，由支付系统监管局负责并核发支付业务许可证。[2]

根据2010年《非金融机构支付服务管理办法》，电子支付服务是指非金融机构在收付款人之间作为中介机构提供下列部分或者全部货币资金转移服务：①网络支付；②预付卡[3]的发行与受理；③银行卡收单[4]；④中国人民银行确定的其他支付

---

〔1〕 中国人民银行有关部门负责人就《非金融机构支付服务管理办法》有关问题答记者问，http：//www. pbc. gov. cn/publish/bangongting/82/2010/20100713161816038947129/20100713161816038947129_ . html，2015年3月23日访问。

〔2〕 有学者建议明确第三方支付机构的金融服务者身份，参见任超："网上支付金融消费者权益保护制度的完善"，载《法学》2015年第5期。

〔3〕 预付卡是指发卡机构以特定载体和形式发行的、可以在发卡机构之外购买商品或者服务的预付价值。参见2012年《支付机构预付卡业务管理办法》第2条第3款。

〔4〕 银行卡收单业务是指收单机构与特约商家签订受理协议，在特约商家按约定受理银行卡并与持卡人达成交易后，为特约商家提供交易资金结算服务的行为。参见2013年《银行卡收单业务管理办法》第2条。

服务。对比其他国家立法，该《管理办法》主要有以下不足：①《管理办法》只是一个行政规章而非法律；②《管理办法》仅仅规范非金融机构，适用范围狭窄；③《管理办法》只是一个管理规章，主要针对市场准入和监管规则，无权利义务与消费者保护规则；④支付服务内涵与外延不太明确；⑤“网络支付”一词的用词不太妥当。

美国1978年《电子资金划拨法》只适用于金融机构且主要是一部消费者权利保护法，而2004年修订的《统一货币服务法》适用于非银行金融机构却主要是一部监管法。澳大利亚2011年《电子支付守则》适用于金融机构和其他电子支付设施提供者，主要涉及消费者权利保护。韩国2006年《电子金融交易法》适用于金融机构和电子金融业务运营商，涉及权利义务、市场准入和监管规则。欧盟2007年《支付服务指令》适用于信用机构、电子货币机构、邮政转账机构、支付机构〔1〕，甚至欧洲中央银行以及成员国中央银行和成员国或者其地区或地方当局〔2〕。指令涉及市场准入、监管、信息披露、权利义务等领域，是一部综合性立法。日本2009年《支付服务法》适用于非存款机构，主要是一部监管法。建议我国综合借鉴各国经验，在消费者性支付领域内通过一部综合性立法，既规定私法规则，又规定公法规则，并将其适用于金融机构和非金融机构。

〔1〕 货币汇兑商、提供支付服务的移动网络运营商、非银行信用卡发行商和商家收单机构。See § 2.6 of the FCA's Role under the Payment Services Regulations 2009, Our approach, 2013.

〔2〕 2015年新《支付服务指令》还增加了“账户服务机构和第三方支付服务机构”。

在美国，“电子资金划拨”只用于指称以电子方式在金融机构账户之间进行的资金划拨。以电子方式在非金融机构之间进行的资金划拨被称为“货币汇兑”，而销售或者发行支付工具、储值卡亦被定义为“货币汇兑”，这属于扩大解释，但有些牵强。“电子支付”属于一个日常用语，含义过于宽泛，不宜被直接采用。虽然澳大利亚2011年《电子支付守则》采用此概念，但这并非是正式立法。而且，无论“电子资金划拨”“货币汇兑”，还是“电子支付”，均无法适用于某些支付服务。“支付服务”是一个比较合适的概念，欧盟和日本相关立法和我国2010年《非金融机构支付服务管理办法》均采用此概念。如果我国采用功能监管模式，相关立法应该平等适用于所有提供支付服务的机构。除银行之外，只有中国邮政从事传统货币汇兑业务，而新兴的第三方支付机构均运用电子化手段为市场交易者提供前台支付或者后台操作服务。为与《票据法》相对，建议我国通过一部采用“电子支付服务”概念的法律。

美国将“电子”一词界定为具有电、数字、磁、无线、光学、电磁或者类似功能的技术。[1]这是一个技术层面的定义。当“电子”与“支付”结合在一起时，该如何解释？如果将“电子支付”仅仅解释为通过电子设备进行的支付，则可能过于广泛。由此，电报、电传传送指令而进行的支付均可能构成电子支付。澳大利亚2011年《电子支付守则》将“不打算通过比较手写签字与样本签字来认证”增列为电子支付要件，这意味

---

〔1〕 See Section 106 (2) of the Electronic Signatures in Global and National Commerce Act 2000.

着票据和签名信用卡支付不属于“电子支付”。然而，仅凭刷卡后需要在交易单据上签字而否认信用卡交易为电子支付的理由不很充分，因为除此之外，信用卡所有交易流程均已电子化。而且，我国信用卡交易以密码认证为主，签名只是一个辅助措施。韩国则将“使用者采非面对面和自动方式且无需与金融机构或者电子金融业务运营商雇员进行直接接触”[1]增列为电子金融交易必要条件。该要件可以将去支付机构办理电子汇兑排除在电子金融交易之外，具有合理性。不过，采用直接与电子设备接触方式即意味着无需与支付机构雇员直接接触，也意味着采用非面对面方式。而且，现在的电子设备基本上都是自动设备，使用者当然会采用自动方式。因此，我们建议将“直接通过电子设备发出支付指令”界定为电子支付要件，其实质是完全以电子信息取代书面文件传递支付指令。据此，支票签发后通过支票影像交换系统进行处理并非电子支付[2]，而使用电子商业汇票系统签发的汇票则属于电子支付，但是不属于消费性电子支付。

什么是“支付”？《现代汉语词典》解释为“付出（款项）”。[3]《简明牛津英语词典》解释为“付款行为或程序”。而中美电子支付服务世贸组织争端案专家组认为，支付有三个核心要素：①划拨；②划拨对象为货币；③因购买货物或服务

---

〔1〕 See Article 2 of Electronic Financial Transaction Act 2006 (revised 2010).

〔2〕 与此类似，美国亦认为通过支票托收系统，例如影像传递而进行电子托收、提示与退回的交易不属于电子资金划拨。See § 3 (b) (1) of Official Interpretations of Regulation E 2013.

〔3〕 中国社会科学院语言研究所词典编辑室：《现代汉语词典》，商务印书馆1983年版，第1479页。

或者偿还债务而划拨货币。当“支付”与“服务”结合在一起，该作何解释？中方在上述争端中认为，承诺表中“支付服务”指银行和其他金融机构发行和受理现金之外的支付工具，而支付卡信息转接服务提供者既不发行也不受理支付工具，从未占有支付资金，并不向任何人“支付”。专家组认为，《服务贸易总协定》虽然未界定何为“服务”，但是界定了“提供服务”，即“生产、分销、营销、销售和交付服务”。提供“支付服务”与购买货物或者服务而付款不是一回事，通常由付款方与收款方之外的个人或者实体提供。不论谁提供“支付服务”，均不“支付”，而只是使收款方与付款方之间的支付得以实现，例如在使用信用卡、借记卡或者其他类似工具时处理支付交易。“支付服务”提供者提供促进和促成支付的“服务”。因此，专家组同意美方观点，即“支付服务”包括“经营”“促进”和“促成”支付的服务。作为银行卡信息转接服务提供者的中国银联的确不发行也不受理支付工具，但是不能否认其提供“支付服务”。提供“支付服务”可以不占有支付资金，不向任何人支付，例如支付通道服务。[1]事实上，中国并无其他金融机构发行和受理支付工具。因为不存在银行之外的信用卡专业机构，而发行预付卡的第三方支付机构被界定为“非金融机构”。此外，承诺表中支付服务前还有“所有”一词。专家组对此的解释是，“所有”表明旨在包括支付行为必

〔1〕 中国承诺开放“所有支付以及汇划服务”，但是问题在于，是开放“支付”还是“支付服务”。如果解释为开放“支付”，则中方主张有一定道理。显然，专家组将其解释为开放“支付服务”，这或许成为中方败诉原因之一。

不可少的所有服务、所有支付方法和所有商业模式。[1]应该说，中方主张为最狭义解释而美方主张为广义解释。不过，2010 年《非金融机构支付服务管理办法》采用广义解释，因为其所定义的“支付服务”包括网络支付、预付卡的发行与受理、银行卡收单及中国人民银行确定的其他支付服务。与此类似，广义电子支付包括电子支付工具、电子支付基础设施和电子支付业务处理系统。[2]所以，建议未来《电子支付服务法》中的“支付服务”采用广义解释。[3]

在电子支付服务世贸组织争端案中，“电子支付服务”的涵义是争执焦点之一。美方认为，“电子支付服务”包括为处理支付卡[4]交易和经营与促进参与机构之间划拨资金而提供的服务。电子支付服务提供商直接或者间接提供的系统通常包括：①促进、经营和促成交易信息和支付流动的处理设施、网络以及规则与程序，保证系统完整、稳定并减少金融风险；②批准或者拒绝交易的处理和协调，而批准通常意味着准予完成交易或提现或者兑换；③在参与机构之间的传递交易信息；④计算、决定并报告有关机构所有已授权交易的净头寸；⑤促进、经营

〔1〕 See Paragraphs 7.63-7.99 of China – Certain Measures Affecting Electronic Payment Services: Report of the Panel, 2012.

〔2〕 参见李莉莎：《第三方电子支付法律问题研究》，法律出版社 2014 年版，第 14 页。

〔3〕 定义支付服务应该采取技术中立，允许进一步发展新型支付服务并确保现有以及新型支付服务提供者运营环境平等。See Recital (9) of Proposal for a Directive on Payment Services and Repealing Directive 2007/64/EC, 2013.

〔4〕 “支付卡”包括银行卡、信用卡、赊账卡、借记卡、支票卡、自动柜员机卡、预付卡，其他类似卡或者支付或货币汇划产品或者访问设备和与卡或产品或者访问设备相连的独特账户号码。

和/或以其他形式划拨参与机构之间相互欠下的净支付额。中方并未对上述五个“组成部分”提出异议，并认为第一部分被支付卡公司描述成电信和数据处理设施，第二部分为数据处理核心中的授权服务，第三、四部分为结算服务，第五部分为清算服务。但是中方认为，银行间支付卡网络属于电信和数据处理设施，其运营者不是支付卡交易当事人但为金融机构提供外部网络。专家组认为，支付卡公司或者网络确实属于支付卡交易中的一方当事人，因为其拥有支付卡品牌，确立发行机构和收单机构必须遵守的规则、标准和程序，为发行机构和收单机构提供授权、结算和清算服务。更为重要的是，支付卡公司充当交易担保并就其服务从发行机构和收单机构处获得报酬。[1]

可见，专家组对“支付服务”和“电子支付服务”均作了广义解释。电子支付服务肯定属于支付服务，但是问题在于，支付卡交易中的电子支付服务是否属于我国承诺表中的“所有支付服务”。在中国，只有银联为支付卡交易提供信息转接和结算服务，市场尚未开放。所以中方认为不是，其逻辑可能是国内尚未开放，不可能承诺对外开放。但是在国外，有多家机构提供服务而此类服务被普遍理解为支付服务。美方诉讼目的在于打开中方市场，随着中方败诉并同意执行裁判，美方实现了其目的。然而，我国有学者认为，扩大解释超出成员预期并与贸易自由化的宗旨相悖[2]；解释过于机械化、形式化，对单方

---

〔1〕 See Paragraphs 7. 25-7. 30 of China – Certain Measures Affecting Electronic Payment Services: Report of the Panel, 2012.

〔2〕 参见崔聪聪：“GATS 承诺表解释的困境与出路——从美国诉中国银联垄断案谈起”，载《经济问题探索》2013 年第 6 期。

面选择性作出承诺的一方所含实质意图缺乏足够的尊重。[1]我们认为，承诺表在对方接受后构成双边协议，而最惠国待遇原则又使其成为多边协定，采用《维也纳条约法公约》第31、32条解释规则并无不妥。承诺表的确具有特殊性，这表现在其是单方意思表示，但是对方接受后，恐怕再难以按作出表示一方的意思来解释，只得按通常意义解释，否则可能对他方不公。而且一旦有歧义，应该按不利于起草人原则解释，即按不利作出意思表示一方来解释。因此，中方败诉不应归咎于专家组解释不当，应归咎于我国支付卡信息转接市场垄断[2]，而国务院亦于2014年10月29日决定放开银行卡清算市场。[3]

---

〔1〕 参见张乃根："电子支付案中GATS减让表的条约解释"，载《上海对外经贸大学学报》2014年第1期。

〔2〕 此观点可能被指责为无中方立场，但是个人认为最重要的问题是看谁更有理。参见钟志勇："中美电子支付服务争端案及其启示"，载《吉林金融研究》2014年第3期。

〔3〕 新闻来源于http://money.163.com/14/1030/09/A9PVGBU600253B0H.html，2014年12月18日访问。

第二章

电子支付服务中的监管主体问题

——以英国支付系统监管局为中心

我国支付服务主体包括中国人民银行、银行业金融机构、清算机构和支付机构。而2016年各类支付系统[1]共处理人民币支付业务626亿笔，金额5120万亿元。[2]目前，电子支付服务由中国人民银行支付结算司监管，该司工作面临前所未有的挑战。面对日益增加的支付服务主体和业务量，有无必要重构支付系统监管主体这一问题值得研究。2014年，英国支付系统监管局成立并于2015年正式运作。作为一个独立的经济监管机

〔1〕 各类支付系统包括中国人民银行大小额支付系统、全国支票影像交换系统、网上支付跨行清算系统、境内外币支付系统、同城票据交换系统、人民币跨境支付系统、银行业金融机构行内支付系统、银行卡跨行交易清算系统、城市商业银行汇票处理系统和支付清算系统、农信银支付清算系统。

〔2〕 中国人民银行支付结算司编：《中国支付体系发展报告2016》，中国金融出版社2017年版，第30页。

构，支付系统监管局旨在确保英国拥有世界一流的支付系统。[1]本章拟以该局为中心，探讨我国重构支付系统监管主体，特别是电子支付服务监管主体的必要性、监管目标、机构设置、监管对象、监管权力等问题。

一、重构电子支付服务监管主体之必要性

2012 年，英国政府明确表示，希望支付系统环境能使最终用户以及经济获得最大利益。这意味着：其一，支付系统旨在服务于包括消费者在内的最终用户；其二，支付行业应该促进和发展现有以及新型支付系统；其三，支付系统应该在合理的商业条件下允许参与者或者潜在参与者公开接入其系统以促进竞争；其四，支付系统应该稳定、可靠且有效。

然而，英国支付系统现行治理体系未能充分实现上述目标。就第一点而言，支付理事会在回应包括消费者在内的支付系统用户需求上做得不够。一个重要例子是，在未考虑潜在影响或者发展替代物的情况下就确定了废除支票的日期。就第二点而言，支付系统创新缓慢，这导致英国经济遭受重大损失。例如，2005 年启动的快捷支付服务多次延期实施，而建设移动支付系统的决定直到 2011 年年底才通过。就第三点而言，尽管市场扭曲并非一目了然，但是行业缺乏透明度，这导致很难判断是否存在问题。

许多问题源于若干大型银行的主导。由于他们涉足支付的

---

〔1〕 2013 年，英国支付系统处理了约 210 亿笔交易，价值超 75 万亿英镑。See Payment System Regulator Consultation Paper, *A New Regulatory Framework for Payment Systems in the UK 2014*, PSR CP14/1, p. 6.

各个层面，这些银行很可能为了私利而操纵市场。首先，英国支付理事会未能充分履行咨询和确定战略职责，以回应包括最终用户在内的所有利害关系人的需要。能给社会带来广泛好处但不符合这些银行狭隘利益的项目被阻止。其次，支付理事会很难获得为有效实施项目所需的同意票。理事会决议采用协商一致的原则，很难要求个别成员在不符合其直接商业利益的项目上合作。

英国政府建议对支付理事会的运作以及治理作一系列调整，或者建立新的公共机构。然而，一系列事件导致政府最终决定，有必要在支付行业确立公用事业式的监管。伦敦银行间拆借利率丑闻是一系列广为关注事件中的最新一起，而金融服务自律已经名声扫地。政府认为，极易受行业影响的支付战略委员会已不再是解决问题的好办法。

支付系统之间的竞争存在重大障碍，因为现有大型银行为所有者，而且成员交叉。这些银行可能利用其所有权阻碍各个层面的竞争，例如阻止支付系统竞争并阻碍创新和发展，对直接成员建立不必要的障碍以及提供间接接入机会的条件不公平、不透明。英国政府认为，有必要设立监管者并确定监管框架，以确保应对纵向一体化以及共享所有权带来的负面效果，并监督是否需要进行能使市场有效运作的结构改革。[1]

中国支付系统监管主体面临以下问题：

第一，监管法律依据不足。中国人民银行是支付体系的法

---

〔1〕 See HM Treasury, *Opening up UK Payments 2013*, pp. 9 ~ 13.

定监管者[1]，但是《中国人民银行法》没有明确赋予其对支付系统全面监管的权力和职责，尚不足以形成中央银行实施监管的法律支持[2]。《中国人民银行法》（2003 年修订）第 4 条第 9 项规定，维护支付、清算系统的正常运行属于中国人民银行的职责。最早的支付清算系统均由中国人民银行建设并管理，因此维护其正常运行属于中国人民银行职责。后来，其他机构建设了部分支付清算系统，中国人民银行无法直接维护这些系统的正常运行，只能实施监管。然而，法律并没有明确授权中国人民银行实施监管。2010 年《非金融机构支付服务管理办法》第 3 条第 2 款规定，支付机构依法接受中国人民银行的监督管理。可是，没有任何一部法律或者行政法规赋予中国人民银行该项权力。即使将上述规定解释为间接授权中国人民银行监管支付清算系统，仍然无法得出授权其监管新型支付机构的结论。中国人民银行自行制定规章，自我赋权，不符合法治精神。此外，自律职能由中国支付清算协会承担，但是无明确法律依据。而且，从经费来源、关系的挂靠、实际赋予的职能来看，它相当于中国人民银行的一个执行部门，其管理职权是中国人民银行赋予的。[3]

第二，监管主体之间职责交叉。实践中，中国人民银行采

---

〔1〕 中国人民银行有关部门负责人就《非金融机构支付服务管理办法》有关问题答记者问，http：//www. pbc. gov. cn/publish/bangongting/82/2010/20100713161816038947129/20100713161816038947129_ . html，2015 年 3 月 23 日访问。

〔2〕 参见王瑛：“完善中央银行对重要支付系统的全面监管”，载《金融会计》2008 年第 12 期。

〔3〕 参见吴道义等：“我国支付机构监管体制研究”，载《海南金融》2012 年第 9 期。

用“支付体系监督管理”概念，并将其解释为“应该包括支付系统等基础设施的稳定运行、非现金支付工具的安全使用、支付服务市场和支付服务组织的规范运作”〔1〕。支付系统由中国人民银行监管不会有多大争议，但是否由其垄断监管值得研究。非现金支付工具的不安全使用将给使用者以及支付机构带来风险。不过，支付服务使用者的风险由其自行承担，中国人民银行似不宜直接介入。支付机构风险将影响机构运行的安全与稳健，但是传统支付机构由银监会监管，与中央银行监管形成职责交叉。中国人民银行规范支付服务组织运作，与传统支付机构由银监会负责又形成职责交叉。新型支付机构由中国人民银行直接监管，但是这种做法可能并不恰当。〔2〕

第三，中国人民银行承担的角色过多。根据《中国人民银行法》第 4 条和第 27 条，中国人民银行是支付清算系统正常运行的维护者，同业清算系统的组织者或者协助者，同业清算事项的协调者，清算服务提供者，支付结算规则共同制定者。而《国务院办公厅关于印发中国人民银行主要职责内设机构和人员编制规定的通知》进一步明确其为支付体系发展规划制订者和建设统筹协调者。中国人民银行承担的角色多达八种，但是问题在于：首先，角色多意味着权力大，这与限制政府权力的改革方向不一致。其次，许多本来可以由市场解决的问题也由政

〔1〕 参见中国人民银行支付结算司编：《中国支付体系发展报告 2006》，中国金融出版社 2007 年版，第 34 页。

〔2〕 支付服务市场一般由使用者、支付工具、支付机构等要素组成。规范支付服务市场即意味着监管上述要素，因而“支付体系监督管理”概念中存在语义重复问题。而且，直接监管使用者并不合适。

府承担，导致政府与市场权责不分。事实上，行业协会或者市场主体可以组织或协助组织支付清算系统，包括同业清算系统，协调同业清算事项，制定全国支付体系发展规划并统筹协调支付体系建设。但是这些问题的关键在于中国人民银行是否愿意放权或者授权。最后，不同角色之间存在冲突，特别是监管者与其他角色混同产生自我监管，这将使监管失去公信力。

由于存在上述较大问题，而电子支付服务作为支付系统的一部分也面临同样的问题，因此有必要夯实法律基础并重构支付系统监管主体。

二、电子支付服务中的监管目标

美国联邦储备委员会监管系统重要性金融市场基础设施和系统重要性支付、结算和清算活动，目标在于减少系统性风险并促进金融稳定。〔1〕澳大利亚支付系统委员会则确保联邦储备银行权力行使围绕控制金融系统风险、促进支付系统效率并在金融整体稳定前提下促进支付服务市场竞争。〔2〕英格兰银行监管银行间支付系统的目标在于金融稳定。〔3〕2013 年，英国政府在咨询文件中提出，支付系统监管局的主要目标聚集于促进现在以及未来最终用户利益。如果合适，再促进竞争和创新并确保支付系统能够获得充足资金。〔4〕同年，《金融服务（银行改

〔1〕 See Section 802 (b) of Dodd-Frank Wall Street Reform and Consumer Protection Act 2010.

〔2〕 See 10B (3) of Reserve Bank Act 1959 (revised 2014).

〔3〕 See Article 238 of Banking Act 2009.

〔4〕 这些也就是支付系统监管局的义务，可以指导其行使权力。See HM Treasury, *Opening up UK Payments 2013*, p. 20.

革）法》获得通过。[1]该法第50～52条就规定了支付系统监管局的三大目标，即竞争、创新和服务使用者。

《中国人民银行法》并未明确中央银行的监管目标。实践中，中国人民银行将监管目标确定为安全与效率。“安全”是指确保支付体系平稳运行，维护社会公众对货币的信心。“效率”是指支付服务能够满足社会公众的支付需求且支付服务的供给与需求符合成本效益原则。[2]“确保支付体系平稳运行”可以解释为要控制支付风险，与中央银行聚焦于系统性风险，包括系统性支付风险以确保金融稳定的目标有差异。这可能导致中国人民银行过于关注所有支付风险，或者将主要精力放在一般风险防范上而产生目标偏移。“支付体系平稳运行”可以维护公众对银行体系甚至金融体系的信心，但并非“维护社会公众对货币的信心”，因为保持币值稳定才是维系公众货币信心的直接措施。“支付服务能否满足需求，供给与需求是否符合成本效益原则”应该由市场解决，不宜直接列为监管目标。尽管澳大利亚将促进支付系统效率作为监管目标之一，但是在联邦储备银行内设有相对独立的支付系统委员会。而且，澳大利亚旨在促进支付系统效率，不是中国人民银行所界定的“支付体系”效率。美英均将控制系统性风险，包括系统性支付风险以确保金融稳定作为中央银行监管目标，因此建议中国人民银行亦将金融稳定作为监管支付系统的法定目标，并将《中国人民银行法》第4条第9项修改为“监管系统重要性金融市场基础设施”。

---

〔1〕 See Financial Services (Banking Reform) Act 2013.

〔2〕 参见中国人民银行支付结算司编：《中国支付体系发展报告2008》，中国金融出版社2009年版，第79页。

澳大利亚还将促进竞争作为支付系统委员会的监管目标，并于2003年在全球率先采取反垄断措施。[1]英国亦将竞争列为支付系统监管局的目标，而2013年《金融服务（银行改革）法》第50条将其规定为："旨在促进支付系统市场和其提供的服务市场有效竞争，包括支付系统不同运营商、支付服务不同提供商和基础设施不同提供者之间的竞争"。我国支付服务市场开放程度不高，缺乏公平竞争和反垄断理念，因此建议将竞争列为监管目标。因为支付系统创新缓慢，所以创新成为英国支付系统监管局的又一目标，而上述立法第51条将其规定为："旨在发展与创新支付系统及基础设施，以便提高其质量、效率与效益"。中国人民银行支付结算司也负责推进支付工具的创新[2]，但是凭此难以确定创新已经成为中央银行监管的目标。而且，创新仅限于支付工具，范围未免过于狭窄。由于创新的重要性不言而喻，因此建议我国亦将创新列为监管目标。英国还将服务使用者列为支付系统监管局的目标，这是基于支付系统最终服务于使用者，所以该目标为终极或者最高目标，而上述立法第52条将其规定为："旨在确保支付系统之运行与发展应该考虑并促进使用者或者潜在使用者利益"。服务使用者包括保护消费者合法权益，但是范围更广，也更合理，因此建议我国将服务使用者也列为监管目标。中央银行专注于金融稳定有利于控

---

〔1〕 核心内容有：信用卡交换费不得超过交易金额的0.5%，借记卡每笔不得超过12澳分，信用卡与借记卡脱钩，并允许收取附加费。See RBA, *Reform of Australia's Payments System*, *Preliminary Conclusions of the 2007/08 Review*, 2008, p. 20.

〔2〕《国务院办公厅关于印发中国人民银行主要职责内设机构和人员编制规定的通知》（国办发〔2008〕83号）。

制系统性风险，加上澳大利亚和英国均设有相对独立的监管机构来实现上述目标，建议我国采取类似行动。[1]

综上，建议将中央银行对支付系统的监管目标重构为金融稳定，将拟设立的支付系统监管主体监管目标确定为竞争、创新与服务使用者，并将其一并适用于电子支付服务。考虑到国情差异，建议我国支付系统监管局同时监管所有支付机构而不仅仅是构成被指定支付系统组成部分的支付机构，并将经营稳健增列为监管目标。但是，部分支付机构只宜要求其注册并采取非审慎监管措施，而众多小型机构可以直接豁免。

三、电子支付服务中的监管机构设置

行业自律名声扫地，支付系统竞争存在重大障碍，加上将监管权力赋予易受行业影响的机构会重蹈自律覆辙，英国政府认为只有建立新的监管体制才能解决问题。选择金融行为监管局的好处在于其与支付系统成员有联系，拥有与该领域其他监管者，特别是英格兰银行进行协商的渠道。然而，该局不具有公用事业监管经验，需要从零开始并且应在某种程度上与其他职责分离，也不具有共同行使竞争权的经验。[2]

大多数人认为，金融行为监管局是监管支付行业的最佳机构。提出挑战的银行、小型支付公司、技术公司和最终用户尤其赞成选择该局，理由有：了解现行监管规章，具有金融服务知识，理解整个支付市场。不赞成者主要有现有银行、支付公

---

〔1〕 在英国，支付机构和电子货币机构的监管主体为金融行为监管局。根据2012年《金融服务法》，其监管目标为消费者保护、经营稳健和促进竞争。

〔2〕 See HM Treasury, *Opening up UK Payments 2013*, pp. 14 ~ 15.

司和卡公司，担心转移该局工作注意力，而且两个不同监管体制在一个机构内并行运作也有风险。

英国政府赞成多数人的观点，但是也考虑少数人的关切。立法要求金融行为监管局将支付系统监管局建成一个独立的机构。支付市场存在的问题要求建立一个拥有特定目标、权力和技能的监管机构。政府希望该机构能从金融行为监管局的协同效应中获益，但同样重要的是，其应该可以自由决定采取何种策略来实现其监管目标。在金融行为监管局内设立由其协调与监管的子机构为最佳途径。支付系统监管局将设常务董事，拥有理事会，独立预算，而金融行为监管局有权对指定支付系统参与者收费，以为前者完成其职责提供经费。为了让该支付系统监管局迅速获得公用事业监管经验，政府打算让其学习现有经济监管机构之技能。通过录用合适雇员，该局可以获得必要技术知识并了解支付市场。政府期待金融行为监管局将与新设竞争和市场监管局紧密合作，强化其在银行市场和支付领域促进竞争的能力，这有助于支付系统监管局获得必要的竞争执法专业知识。[1]

除金融稳定外，中国人民银行直接承担支付市场竞争、创新与服务使用者监管目标并不合适。首先，中国人民银行监管目标多元化将影响金融稳定。2007 年美国次贷危机之后，主要发达国家均强化了中央银行金融稳定职能。中国人民银行监管目标多元将使其难以专注于控制系统性风险，势必给金融稳定带来负面影响。其次，各监管目标之间存在冲突。例如，促进

---

〔1〕 See HM Treasury, *Opening up UK Payments 2013*, pp. 9 ~ 10.

竞争必然加剧市场风险，并对金融稳定产生影响。中央银行可能过于强调金融稳定，这将导致政策保守而抑制竞争。最后，中国人民银行监管目标多元化将导致大材小用。确立金融稳定为监管目标，中国人民银行只需要监管系统重要性金融市场基础设施。如果监管目标多元化，中国人民银行还需要监管数量众多的支付机构。大部分新型支付机构规模很小，并不会带来多少风险，中国人民银行监管这些机构将导致大材小用。

新设一个监管机构来承担支付市场竞争、创新与服务使用者目标不具有可行性。在金融领域，我国已经拥有“一行二会”[1]等监管机构，再设机构的可能性不大。而且，新设机构成本大、时间长、监管经验与专业知识均需要积累，因此反对声音可能非常强大。

银监会能否成为一个合适的监管机构？恐怕很难。其一，银监会监管目标与支付市场竞争、创新与服务使用者目标有较大差异。根据2006年《银行业监督管理法》第3条，银监会监管目标为促进银行业的合法、稳健运行，维护公众对银行业的信心。从字面上看，监管目标不包括竞争，但是该法第3条第2款授权银监会保护公平竞争，而《商业银行法》（2015年修订）第9条禁止不正当竞争。然而，上述两部立法中的“竞争”很可能仅仅授权银监会查处不正当竞争行为的权力，不包括反垄

〔1〕 指中国人民银行、中国银行保险监督管理委员会和中国证券监督管理委员会。

断。[1]我国反不正当竞争与反垄断采用分别立法、由不同机构执法的体制就很能说明问题。银监会虽然也保护存款人和其他客户的合法权益，但是这与支付系统应该服务于使用者目标有较大差距。其二，银监会监管对象为银行业金融机构，难以涵盖所有支付机构。以银行为代表的传统支付机构成为银监会的监管对象是没有问题的，但是新型支付机构在我国被定性为“非金融机构”而难以成为银监会监管对象。其实，货币资金转移服务属于金融业务，因此新型支付机构应该为金融机构。如果这样定性，新型支付机构极有可能成为银监会监管对象，因为证券和保险之外的非银行金融机构亦由其监管。然而，中国人民银行很可能不愿意转移监管权。其三，银监会缺乏支付系统监管经验与专业知识。银监会在防范和化解银行业风险上积累了不少经验与知识，但是缺乏新型支付机构、支付系统监管经验与知识。与其让银监会去学习与积累，不如利用中国人民银行监管经验与专业知识，在其内部设立一个相对独立的监管机构。

综上所述，建议将中国人民银行支付结算司重组为相对独立的支付系统监管局[2]，参照外汇管理局将其确定为国务院部

〔1〕 有人将上述规定解读为赋予了银监会查处银行业垄断行为和不正当竞争行为的权力。参见李洁：“论金融行业反垄断执法机构与行业监管机构的管辖权配置”，载《兰州商学院学报》2012 年第 4 期。

〔2〕 有人主张，必须把中央银行支付系统的运行维护职能和监督管理职能分开，成为独立部门负责监管职能，保证监管政策的公平实施，减少各方利益冲突。参见梁东：“国际支付结算体系监管改革走向与启示”，载《甘肃金融》2012 年第 7 期。

委管理的国家局[1]，并由其监管包括电子支付服务在内的支付系统。现在，支付结算司对支付事项介入太深、太广，许多事项采用直接制定、直接管理并组织实施的方式而非监管。其实，拟订全国支付体系发展规划这一事项可以交给中国支付清算协会，制定支付清算、票据交换和银行账户管理的规章制度以及组织实施等事项可以交给支付清算机构、票据交换所和银行，拟订银行卡结算业务以及其他电子支付业务管理制度的任务可交给中国银联或者支付机构，中国人民银行只需保留监管权。建议不再制定“支付结算政策”，因为在依法行政的今天，政策宜改为法律规则。“维护支付清算系统的正常运行”改为“监管系统重要性金融市场基础设施”并交由金融稳定局负责。组织建设和管理中国现代化支付系统交给中国人民银行清算总中心，而该中心宜改制为企业并与中国人民银行脱钩。推进支付工具的创新改为“推进支付系统创新”并由支付系统监管局负责。组织中国人民银行会计核算移交给会计财务司。如此重组后，支付系统监管局应该定位于以竞争、创新和服务使用者为目标的监管支付系统。国务院可以通过《支付系统监管条例》[2]来确认上述变化，并启动修法程序以删除《中国人民银行法》第27条。

---

〔1〕 传统上，支付系统由中央银行内设职能部门监管，但是该建议主要参考英国支付系统监管局模式。澳大利亚联邦储备银行支付系统委员会是另外一种模式，但该委员会仅是一个决策机构。重构一个集决策、执行甚至裁决争议于一身的相对独立机构更为合适。

〔2〕 参见李文龙、徐友仁：“全国人大代表杨小平建议加快推动《支付系统监督管理条例》出台”，http：//www.financialnews.com.cn/kj/lt/201203/t20120312_3482.html，2015年3月30日访问。不过，此条例与本章建议有重大差异。

四、电子支付服务中的监管对象

英国政府建议，支付系统监管局应该管辖零售支付系统及其直接成员，包括支票清算系统、自动支付系统、自动柜员机网络、主要封闭式或者开放式卡方案，但是不包括证券交易系统、清算所或者中央对手。[1]政府还建议相关支付系统及其直接成员和参与者获得支付系统监管局的许可，但是除核心支付系统本身外，像银行等直接成员应该获得许可的建议遭到部分人士的反对。此外，对于在监管对象中纳入基础设施提供商的建议，既有赞成声音，亦有反对意见。

英国政府决定放弃许可要求，改采指定方式。在决定是否指定时，财政部会听取支付系统监管局、金融行为监管局、审慎监管局和英格兰银行的意见。一旦指定，支付公司以及系统参与者，例如成员、发卡机构、收单机构和基础设施提供商均会被纳入。系统所有参与者均被纳入是回应咨询对象意见，即该局权力应该涵盖整个“支付过程”。而且，考虑到竞争中立以及面向未来的要求，政府决定将国内活跃的所有零售支付系统纳入监管对象之中。政府同时决定重新考虑排除基础设施提供商的建议。最初，政府担心直接监管会阻碍新进入者以及竞争，冻结当前市场结构。然而，政府承认，将基础设施提供商排除在外将给支付系统监管局成功实施必要改革造成困难。大量利害关系人对新监管体制能否面向未来表示关切，政府也关心此点，但是同时拟使监管负担最小化、遵守比例原则并定期检讨。

---

〔1〕 Such as CREST, LCH Clearnet and ICE CLEAR Europe.

指定方式在这方面具有重大优势，能方便财政部在必要的时候聚焦于该局的关切点，无需在一开始时就指定不太相关的支付方案。该方式能提供灵活性以便在达到监管门槛时将正在发展的支付方案及其参与者纳入。该方式同时避免了向参与者和基础设施提供商分别发放许可证的麻烦，因为指定系统即意味着该局权力可自动涵盖所有参与者。这将减少繁杂程序和投机取巧，消除成为间接而非直接成员以规避许可要求的动力，并符合英格兰银行确立的减少层次目标。[1]

中国人民银行支付结算司重组为支付系统监管局后，其监管对象应该为支付系统。可是，"支付系统"在我国无法定义，中国人民银行也未界定该概念。澳大利亚将支付系统界定为"促进货币流转的资金划拨系统，包括支付工具和系统程序"[2]，这样定义的亮点在于其包括支付工具[3]。新加坡与澳大利亚类似，只是增加了"其他系统"字样。[4]英国 2013 年《金融服务（改革）法》第 41 ~42 条将支付系统定义为"一个或以上当事人在营业过程运营的旨在帮助他人转移资金的系统，包括以其他支付系统为基础的系统"，并将支付系统参与者，即系统运营商、基础设施提供商和支付服务提供商纳入监管范围。以上立法各有优势，建议我国将支付系统界定为"在营业过程中帮助他人转移资金的任何系统，包括系统参与者和支付工具"。值得一提

[1] See HM Treasury, *Opening up UK Payments 2013*, pp. 12 ~ 14.

[2] See Article 7 of Payment Systems (Regulation) Act 1998 (revised 2011).

[3] 虽然马来西亚支付系统定义不包括支付工具，但是经指定后亦列为监管对象。See Articles 2 and 31 of Financial Services Act 2013.

[4] See Article 2 of Payment Systems (Oversight) Act 2006 (revised 2007).

的是，中国人民银行采用“支付体系”概念，并将其定义为“实现资金转移的制度和技术安排的有机结合，主要由支付系统、支付工具、支付服务组织以及支付体系监督管理等要素组成”[1]。然而，将“支付服务组织”称为“系统参与者”会更合适，因为其可包括基础设施提供商，而“支付服务组织”无法涵盖。而且，如果采用本章定义，则支付系统包括系统参与者和支付工具，无需采用“支付体系”概念。

中国人民银行金融稳定局的监管目标为金融稳定，监管对象为系统重要性金融市场基础设施，包括证券结算系统、中央对手方和中国人民银行大额支付系统等。支付系统监管局的监管目标为竞争、创新、经营稳健和服务使用者，监管对象为零售性支付系统。在澳大利亚，如果联邦储备银行认为指定有利于公众利益，则可以指定[2]，而目前只有6家零售性支付系统被指定[3]。在英国，2013年《金融服务（改革）法》第44条规定，财政部只有在其认为系统设计缺陷或者运营中断会给系统服务使用者或潜在使用者造成严重后果时才可以指定[4]，而

---

〔1〕 参见中国人民银行支付结算司编：《中国支付体系发展报告2006》，中国金融出版社2007年版，第3页。

〔2〕 See Article 11 of Payment Systems (Regulation) Act 1998 (revised 2011).

〔3〕 分别为万事达卡、维萨卡、维萨借记卡、销售点电子资金划拨系统和自动柜员机系统。See Designations under Section 11 (1): Designated Payment Systems, http://www.rba.gov.au/payments-system/legal-framework/current-regulations.html, 2015年3月30日访问。

〔4〕 财政部在决定是否指定时必须考虑以下因素：支付系统现在或者将来可能处理的交易数量和价值；支付系统现在或者将来可能处理的交易性质；这些交易或者类似交易是否能被其他支付系统处理；该系统与其他支付系统之间的关系。See Article 44 of Financial Services (Banking Reform) Act 2013.

首批被指定的系统有 8 家[1]。借鉴英国经验，建议我国将一旦出现问题将给使用者造成严重后果的支付系统指定为监管对象，包括中国人民银行小额支付系统、全国支票影像交换系统、网上支付跨行清算系统、同城票据交换系统、电子商业汇票系统、境内外币支付系统、银行业金融机构行内支付系统[2]、银联银行卡跨行交易清算系统、城市商业银行支付清算系统、农信银支付清算系统。当然，如果符合系统重要性金融市场基础设施的判断标准，上述支付系统将同时成为金融稳定局的监管对象。[3]这样，支付系统运营商、基础设施提供商、支付服务提供商以及支付工具均被纳入支付系统监管局的管辖范围，而支付服务提供商包括银行业金融机构和支付机构。[4]其实，每一个支付机构都能构成一个支付系统。非金融支付机构，例如支付宝、财付通等宜被直接指定为监管对象。这样可将支付机构及其基础设施提供商纳入监管范围而有利于保护使用者。

---

〔1〕 包括银行家自动清算服务系统、清算所自动支付系统、快捷支付系统、LINK 自动柜员机系统、支票和贷记划拨清算系统、北爱尔兰支票清算系统、维萨卡、万事达卡，而美国运通卡、大莱卡、贝宝等暂时未被指定。See HM Treasury, *Designation of Payment Systems 2015*, pp. 9 ~ 12.

〔2〕 在我国，2 家政策性银行以及国家开发银行、5 家大型商业银行、12 家股份制商业银行、1 家邮政储蓄银行的行内支付系统应该列为监管对象。其他行内支付系统因影响有限，暂不宜列为监管对象。

〔3〕 具体标准是什么以及哪些零售性支付系统属于系统重要性金融市场基础设施需要经济学而非法学来回答。

〔4〕 截至 2014 年末，我国提供支付服务的银行业金融机构包括 3 家政策性银行、5 家大型商业银行、12 家股份制商业银行、133 家城市商业银行、665 家农村商业银行、89 家农村合作银行、1596 家农村信用社、1 家邮政储蓄银行、41 家外资法人金融机构、1 家中德住房储蓄银行、1153 家村镇银行、1 家民营银行等。同时，已有 269 家支付机构依法获准在中国境内从事支付业务。参见中国人民银行支付结算司编：《中国支付体系发展报告 2014》，中国金融出版社 2015 年版，第 5 ~ 6 页。

英国支付系统监管局设立后需要通过谅解备忘录形式与英格兰银行、监管银行等机构的审慎监管局、监管非银行支付机构的金融行为监管局协调一致，互相咨询并在必要时从对方获取信息与建议。如果英格兰银行认为支付系统监管局对参与者行使权力可能威胁金融稳定，给商业或者其他利益造成严重后果，对本行行动能力产生负面影响，必要时可要求后者不行使或者不以特定方式行使权力。如果审慎监管局在支付系统监管局行使权力的方式对其履行法定义务造成负面影响时可提出相同要求。如果金融行为监管局在支付系统监管局对前者授权的某个或者某类机构行使权力时，威胁金融稳定，导致前者授权的机构失败而对金融稳定产生负面影响，威胁核心服务的连续性，对前者履行法定义务造成负面影响时也可以提出相同要求。[1]中国人民银行支付结算司重组为支付系统监管局后，需要处理其与中国人民银行、银监会的关系。中国人民银行负责金融稳定，并以该目标为优先目标，因此中国人民银行权力应该具有优越地位。银监会作为银行业的主导监管部门，其对支付体系的监督是对银行机构风险的把握[2]，包括对银行支付风险的把握。由于银行仍然是最主要的支付机构，银监会的监管应该具有优势地位。因此，建议立法规定，中国人民银行或者银监会可以要求支付系统监管局不行使或不以特定方式行使其权力。

---

〔1〕 See Articles 99 ~ 102 of Financial Services (Banking Reform) Act 2013.

〔2〕 参见谢钢、尹月丽："对我国支付体系监管主体的探讨"，载《金融理论与实践》2006 年第 7 期。

五、电子支付服务中的监管权力

澳大利亚联邦储备银行拥有的权力较少，主要有支付系统指定权、准入体制设定权、标准制定权、争议裁决权和指示权等，新加坡金融管理局拥有的权力也不多，主要有信息获取权、支付系统指定权和监管权等。[1]但是，英国支付系统监管局拥有的权力较多，主要集中于监管、执行与获取信息与调查和竞争执法等领域，而监管权就包括指示权、针对系统规则提出要求的权力、要求支付系统运营商同意他人接入的权力、支付系统协议修改权和要求所有人处置其支付系统利益的权力。[2]以下内容的论述仅涉及最核心的监管权和竞争执法权。

澳大利亚联邦储备银行有指示权，但该权力仅仅针对系统参与者未遵守标准或者准入体制的行为，新加坡金融管理局也有权发布书面指示，要求参与者、运营商或者清算机构采取合适行动，指定该局批准的人士提出业务建议，遵守外包业务条件或者在其认为必要、有益或符合公众利益的其他事项上采取行动。[3]英国支付系统监管局可以向系统运营商、基础设施提供商、支付服务提供商、间接接入提供商和其他参与者发布书面指示，可以要求指定支付系统在运营、管理、开发或者提供基础设施，提供接入机会或任何其他事项上采取或者不采取某

---

〔1〕 See Payment Systems (Regulation) Act 1998 (revised 2011); Payment Systems (Oversight) Act 2006 (revised 2007).

〔2〕 See Financial Services (Banking Reform) Act 2013.

〔3〕 See Article 21 of Payment Systems (Regulation) Act 1998 (revised 2011); Article 20 of Payment Systems (Oversight) Act 2006 (revised 2007).

项行为，而指示可以针对个人，即特定对象，或者某一类人，该特征使其具有广泛适用性。[1]《中国人民银行法》第4条规定，中国人民银行可以发布与履行其职责相关的命令和规章。此规定比较笼统，未明确其可向谁发布命令。而且，相对指示而言，命令刚性太强而缺乏灵活性。当然，中国人民银行拥有规章制定权，许多时候可以直接制定规章而无需发布指示。例如，2010年《非金融机构支付服务管理办法》为中国人民银行规章，但是第三章绝大多数条款属于借规章而发布的指示。在我国，部委规章与地方规章效力相同，这是导致条块分割的原因之一。部委权力大于省政府不利调动地方积极性，因此建议取消部门规章，明确重组后的支付系统监管局对电子支付服务有指示权。

澳大利亚联邦储备银行有权制定、改变或者废除准入规则[2]，而如果当事人认为拒绝其准入违反规则时可以要求银行发出指示或者向法院申请救济；新加坡金融管理局亦有权制定、改变或者废除准入规则，而高等法院亦可以提供救济；英国支付系统监管局可以要求运营商制定规则、为特定目的以特定方式改变规则、拟改变规则时通知该局、未经其批准不得改变规则，可以通过命令要求指定运营商同意申请人成为成员，亦可以要求任何直接接入某一指定支付系统的服务提供商与申请人

---

〔1〕 See HM Treasury, *Opening up UK Payments 2013*, p. 19.

〔2〕 例如，信用卡支付系统在成员申请问题上不得对特别信用卡机构与传统获得授权的吸收存款机构作出区分；与销售点电子资金划拨系统参与者建立标准直联关系的价格不得超过联邦储备银行公布的标准。See RBA, *Reform of Australia's Payments System, Preliminary Conclusions of the 2007/08 Review*, 2008, p. 5.

达成协议以使其成为间接成员，而命令还可以规定接入期间及具体条件。[1]在中国，属于中国人民银行的支付系统由其制定系统管理规则、加入条件并且行使审批权[2]，这种做法属于直接管理而非监管。虽然大、小额支付系统间接参与者的加入条件由代理其清算资金的直接参与者确定，但是申请仍然由后者转交中国人民银行审批。[3]加入条件确定权在直接参与者而审批权在中国人民银行。如果中国人民银行对加入条件有异议，管理办法并未明确该如何处理。至于其他单位运营的系统通常由其制定管理规则、规定加入条件并签订协议，例如农信银资金清算中心股东[4]以外的机构应该符合加入条件并签订《入网协议》，按照法律、法规、行政规章和本办法相关规定，约定双方的权利和义务。[5]如果中国人民银行对这些系统规定的管理规则以及加入条件有异议，该如何处理不得而知。而且，如果某申请人向中国人民银行申诉，指控加入条件不合理或者不同意其加入的决定不合理，中国人民银行该如何处理更是不得而知。尽管中国人民银行拥有事实上的监管权，可以指示这些系统运营商修改管理规则以及加入条件，但是否可以指示其应该

---

〔1〕 See Articles 12 ~ 17 of Payment Systems (Regulation) Act 1998 (revised 2011); Articles 15 ~ 18 of Payment Systems (Oversight) Act 2006 (revised 2007); Articles 55 ~ 56 of Financial Services (Banking Reform) Act 2013.

〔2〕 例如，《银行业金融机构加入、退出支付系统管理办法（试行）》（银发〔2007〕384 号）。

〔3〕《银行业金融机构加入、退出支付系统管理办法（试行）》第 3、9、17 条。

〔4〕 股东为 25 家省级农村信用社联合社、5 家省级农村商业银行和深圳农村商业银行，而西藏自治区无农村信用社。

〔5〕《农信银支付清算系统入网机构管理暂行办法》（农信银发〔2008〕21 号）第 7 ~ 8 条。

同意某申请还是不得而知。其实，管理规则关系到支付系统本身的正常运作，这一点是运营商最为关心，也最为了解的，宜将规则交给其制定。建议将属于中国人民银行的支付系统均与中国人民银行脱钩，管理规则、加入条件以及是否同意加入由系统运营商或者直接参与者决定，但是重组后的支付系统监管局保留针对非金融机构支付系统管理规则提出要求的权力以及要求运营商同意他人接入的权力。即使这样，可能还不足以解决中国的问题，银联拒绝支付宝接入就是一个典型案例。[1]行政机关更有可能被俘获，因此建议采取澳大利亚和新加坡的做法，赋予当事人诉权，这样可以多一条救济渠道。

英国支付系统监管局有权修改各个层次的商业协议[2]，包括更改准入价格和其他费用。这种权力包括修改价格在内的合同条款的权力、事先确定价格的权力、规定最低服务或者准入水平的权力、确定系统运营商收取入会费或者间接准入提供者收费价格的权力。[3]在中国，属于中国人民银行的支付系统由其直接采取行政管理措施，一般不需要签订协议[4]，也无需协议修改权，但是这种做法并不恰当。境内外币支付系统有所不同，参与者与代理清算银行之间签有协议，明确可用额度、收

---

〔1〕 参见马马大虎："银联 VS 支付宝：十年冤家，走向共和"，http：//content. businessvalue. com. cn/post/31119. html，2015 年 4 月 16 日访问。

〔2〕 指定支付系统运营商与支付服务提供商之间的任何协议；直接接入系统的支付服务提供商与他人之间达成的旨在使后者也能使用该系统而提供支付服务的任何协议；有关参与指定支付系统或者使用其服务而付费的任何协议。See Article 57（1）of Financial Services（Banking Reform）Act 2013.

〔3〕 See HM Treasury, *Opening up UK Payments 2013*, p. 19.

〔4〕 例如，《电子商业汇票系统管理办法》（2010 年 9 月 10 日发布）。

费、授信、质押、透支等事项[1]，但是未赋予中国人民银行协议修改权。其他单位运营的系统则需要签订协议[2]，但亦未明确中国人民银行是否有权修改协议。或许中国人民银行可以指示其修改，但是明确这一点有利于行政机关使用其权力。如果重组后的支付系统监管局对协议不满，应该有权采取行动，否则这些协议可能有失公允并阻碍该局实现其竞争、创新、经营稳健与服务使用者目标。因此，建议立法赋予该局对电子支付服务协议的修改权，包括确定最高收费的权力。

英国政府认为，许多准入和竞争问题源自银行之间支付系统的所有权安排。这些系统为其最大使用者，即现有银行所有。所有权结构意味着小型参与者和新进入者必须接入这些由其有力竞争者所拥有的系统。而且，银行共同拥有支付系统还意味着开发新的或者更有效率的服务的动力不足，所有大银行均能同等地从这些发展中获益而无法获得竞争优势。政府建议采取以下两项措施：其一，支付系统监管局可以将此事提交给竞争和市场监管局；其二，该局有权向支付系统提出额外要求，包括就其治理结构采取行动（使其更独立于所有者，解决所有权滥用问题）和命令银行处置其在支付系统中的利益（必须获财政部同意）。[3]2013 年英国《金融服务（银行改革）法》第 58 条进一步明确，监管局只有在支付系统市场或者系统提供的支付服务市场出现限制竞争或市场扭曲时才可命令银行处置其利

〔1〕《境内外币支付系统管理办法（试行）》（2008 年 4 月 24 日发布）第 11、12、14、35、39、55 条。

〔2〕例如，《农信银支付清算系统入网机构管理暂行办法》。

〔3〕See HM Treasury, *Opening up UK Payments 2013*, pp. 19 ~ 20.

益。在我国，大部分支付系统由中国人民银行所有，但是如果未来转为银行所有，则可能会出现类似问题。不属于中国人民银行的中国银联和农信银资金清算中心为股东所有，银联最大股东持股4.86%而农信银最大股东持股10%。[1]同样不属于中国人民银行的城市商业银行资金清算中心为会员所有，各会员持股比例不详，但是可能没有一家具有控制地位。[2]如果这些非中国人民银行支付系统持股情况发生变化，很可能会出现类似问题。除银行卡清算市场[3]外，中国支付系统市场尚未开放，但是支付服务市场已开放。可预料的是，竞争会越来越激烈，某些支付系统所有人可能会滥用其所有权。因此，建议我国赋予重组后的支付系统监管局有要求非金融支付机构所有人处置其支付系统利益的权力。

英国政府建议，支付系统监管局在竞争领域应该拥有共同管辖权。因此，该局有权针对反竞争协议和滥用支配地位采取行动，并有权将该市场或者其中一部分提交给竞争委员会[4]以便展开全面调查。政府认为，该领域专业监管者有必要拥有竞争执法权。支付市场的性质本身就为抑制竞争行为提供了重要动力与机会，而从技术上看，该市场非常复杂。专业监管者对

---

〔1〕“银联的股东”，http://www.changjiangtimes.com/2014/04/474181.html；《农信银资金清算中心有限公司章程》，http://www.doc88.com/p-6922925175200.html，2015年4月16日访问。

〔2〕截至2017年，清算中心成员（会员）行数量共计396家，参见《会员通讯》2018年第1期，http://www.ccfccb.cn/ccfccb/xwdt/hytx/369728/2018031309455985365.pdf，2018年9月23日访问。

〔3〕国务院：“放开银行卡清算市场”，http://money.163.com/14/1030/09/A9PVGBU600253B0H.html，2015年4月16日访问。

〔4〕现已并入竞争和市场监管局。

市场以及其参与者有深刻理解，能及时处理任何特定问题并有义务不断检讨市场功能，非常适合评估市场以及任何潜在的反竞争行为。与其他公用事业监管者一样，拟设监管机构应该有机会考虑采取竞争执法或者监管行为是否适合，这一点非常重要。与此同时，竞争和市场监管局仍然对金融服务整体竞争状况负责，当其职责与支付系统监管局交叉时应该向后者咨询。[1]如果一方就任何事项采取了行动，另一方不得再采取行动。如果对支付系统监管局是否可以行使共同管辖权有任何疑问，则提交财政部决定。[2]在我国，金融行业监管机构负责反不正当竞争执法，但是否同时负责反垄断执法并不明确。《反垄断法草案》曾经对行业监管机构与反垄断执法机构的管辖权有所规定[3]，但因争议大而被删除。共同管辖有利于监管效率的最大化[4]，避免一家机构垄断执法权，因此建议我国对非金融支付机构竞争执法采用双重管辖模式，在争议发生时，而将有关争议提交国务院反垄断委员会解决。

---

〔1〕 See HM Treasury, *Opening up UK Payments 2013*, pp. 20 ~ 21.

〔2〕 See Articles 60 and 66 of Financial Services (Banking Reform) Act 2013.

〔3〕《反垄断法草案一读稿》第 44 条规定：对本法规定的垄断行为，有关法律、行政法规规定应该由有关部门或者监管机构调查处理的，依照其规定。有关部门或者监管机构应该将调查处理结果通报国务院反垄断委员会。有关部门或者监管机构对本法规定的垄断行为未调查处理，反垄断执法机构可以调查处理。反垄断执法机构调查处理应该征求有关部门或监管机构的意见。

〔4〕 参见李洁："论金融行业反垄断执法机构与行业监管机构的管辖权配置"，载《兰州商学院学报》2012 年第 4 期。

第三章

电子支付服务中的市场准入问题

2013年，我国第三方支付市场规模达到了16万亿。[1]2010年，中国人民银行发布了《非金融机构支付服务管理办法》。该办法为“非金融机构”进入“支付服务市场”确立了基本规范，但也存在概念不清、范围太宽、要求过严等诸多问题。本章拟比较研究各国电子支付服务市场准入[2]中的豁免体制、注册制度与许可制度，并提出完善我国相关制度的立法建议。

一、电子支付服务市场准入中的豁免、注册与许可

（一）豁免体制

美国货币服务企业虽然需要获得许可，但是准入门槛很低，

〔1〕“《中国支付清算行业运行报告（2014）》在北京发布”，http://www.pcac.org.cn/index.php?optionid=701&auto_id=1600，2015年5月12日访问。

〔2〕传统支付机构，例如银行，已经通过银行执照进入支付市场，其采用电子手段提供支付服务无须再获得支付许可，因此本章实际上仅涉及新型支付机构市场准入问题。

这可能是该国无豁免体制的原因。日本对资金划拨服务提供者或者预付式支付工具发行人实行注册制，要求不高，也无豁免体制。但是，欧盟、韩国、我国台湾地区[1]均建立了豁免体制。

在欧盟，任何自然人或者法人均不能从事支付服务，除非属于支付服务提供者[2]或者不属于 2007 年《支付服务指令》明确规定不适用的情况[3]。该指令主要确立了两项豁免。第一项为“有限网络豁免”，即只限于在发行人处，或者在与发行人订有商业协议的有限服务提供者处或获取有限商品或者服务的工具豁免适用指令。根据英国有关指南，前者包括职工饭卡、旅行卡、商店卡等，后者包括交通卡、石油卡、可以在连锁商店或者其网站上使用的商店卡等。该项豁免还能包括抵用券或者其他工具，但是不包括“城市卡”，因为这些卡可以在城市商店或者企业购买到一系列商品或服务，但是否构成“有限网络豁免”最终取决于法院判决。[4]实践中，该豁免越来越多地被适用于大型网络。这明显与原意不符，导致大量支付脱离监管并使被监管的市场参与者处于劣势。因此，2015 年新《支付服

〔1〕 我国台湾地区 2015 年“电子支付机构管理条例”第 3 条确定了一项豁免，即仅经营代理收付实质交易款项且所保管代理收付款项总余额未逾一定金额者豁免适用。

〔2〕 该指令第 1 条规定了 6 类支付服务提供者，包括信用机构、电子货币机构、邮政转账机构、支付机构、欧洲中央银行和各国中央银行、成员国政府或者其地区或地方政府。

〔3〕 该指令第 3 条例举了 14 种不予适用的情形，其中“纸质支票、汇票、抵用券、旅行支票、邮政汇票”不予适用的目的在于使该指令主要适用于电子支付服务；“支付或者证券结算系统中的交易”和“支付服务提供者、代理人或者分支机构之间的支付交易”不予适用的目的在于使该指令只适用于向消费者提供的服务。

〔4〕 See Guidance on the Scope of the Payment Services Regulations 2013.

务指令》将其修改为“旨在满足特定需要，只能在有限范围内使用的特殊工具豁免适用，因为持有人只能在发行人处或者与专业发行人订有直接协议的有限服务提供者处使用，或者因为仅能获取有限商品或服务”[1]。而且，新增服务提供者的通知义务。如果交易额超过了注册制限额，可以申请认可为“有限网络”，但是仍未限制交易量或者最大交易额。第二项为“电信豁免”，即通过任何电信设备执行且货物或者服务传递到并在此类设备上使用的支付交易豁免适用指令，但是运营商不能仅仅在使用者与提供者之间充当中介。[2]可是，该豁免未能仅针对纯电信服务（通话、短信、上网）或者与此紧密相关的业务（例如电邮、杀毒、通过套餐购买电话）。因而，2015 年新《支付服务指令》将其修正为“电信网络或者服务提供者执行且为使用者购买作为从属服务的数码内容而进行的支付交易豁免适用指令，条件是单笔交易不超过 50 欧元，任何一个月累积不超过 200 欧元，但是不考虑使用何种设备”[3]。

韩国 2006 年《电子金融交易法》[4]主要建立了两项豁免。其一，金融机构和电子金融业务运营商之间通过订立独立合同而进行的电子金融交易可以通过总统令予以豁免，而总统令宣

---

〔1〕 Article 3 (k) of Directive 2015/2366 on Payment Services in the Internal Market.

〔2〕 根据英国有关指南，如果企业增加客户购自第三方的货物或者服务的价值，例如通过提供接入、搜索或者分销设施增加其内在价值，企业不再是单纯的中介。

〔3〕 授权商务代办代表买方或者卖方谈判或签订购买或者销售货物或服务并进行支付的交易不适用指令。该规定正越来越多地被同时代表付款人和收款人的电子商务平台所利用，导致与原目标不符。因此，2015 年新《支付服务指令》强调只能代表一方。不过，该规定只是代收或者代付业务，不属于严格意义上的支付豁免。

〔4〕 See Electronic Financial Transaction Act 2006 (revised 2010).

布：使用支付网关系统以及韩国银行运营的支付清算系统而进行的电子金融交易予以豁免。[1]其二，电子预付工具[2]满足以下任一条件都可以豁免：只能在符合总统令所定标准的连锁商店[3]使用；发行总额不超过总统令所确定的金额，即30亿韩元；价格无需使用者预先直接支付并有退款保证保险保护其利益[4]。

（二）注册制度

美国无注册制度，我国台湾地区也没有，但是欧盟、日本和韩国均建立了注册制度。欧盟认为，有必要登记提供汇划服务的所有人士的身份和地址并给予某种认可而不考虑其是否能满足支付机构的全部条件，这样任何人不会被迫经营“黑色经济”并能将其纳入最低限度的法律和监管框架之下，例如要求其遵守反洗钱要求。然而，允许注册的同时应该严格限制交易量，并且无权在其他成员国设立机构或者自由提供服务，也不得利用支付系统成员身份间接行使上述权利。[5]2007年欧盟《支付服务指令》第26条允许成员国豁免全部或者部分程序和

---

〔1〕 See Enforcement Decree of Electronic Financial Transaction Act 2006 (revised 2013).

〔2〕 电子预付工具指以电子形式发行并以证书或者信息存储可转让货币价值，不包括电子货币且符合以下要求：①能在发行商之外的第三者处购买货物或者服务；②能在不少于两个商业领域中使用。

〔3〕 仅坐落在一个基本地方政府辖区；不超过10家；仅坐落在一栋建筑内；以及仅坐落在一个商业区。

〔4〕 豁免还包括根据总统令从事电子支付结算代理服务的任何人士，例如仅为电子支付交易的电子处理传递信息而不直接涉及资金划拨的服务。此项实为信息技术服务，不属于严格意义上的支付豁免。

〔5〕 See Recital (15) of Directive 2007/64/EC on Payment Services and Repealing Directive 97/5/EC.

实体条件而将符合下列要求的自然人或法人登记入册：前12个月支付交易总额月均不超过300万欧元；负责管理或者经营的任何自然人无洗钱、恐怖融资或其他金融犯罪行为。登记入册的自然人或者法人应该被视为“支付机构”，并将总部或者居所设在实际经营所在国。[1]新指令建议稿强调在以下两者之间取得平衡：一方面，避免给非常小的机构带来不必要的监管负担；另一方面，确保支付服务使用者享有充足保护，并将月均交易额降至100万欧元[2]，但2015年最终通过的新《支付服务指令》仍然将月均交易额维持在300万欧元。

日本2009年《支付服务法》[3]第40条规定，资金划拨服务申请人如果出现以下情况，或者书面申请或随附文件对重要事项作出了虚假陈述或者缺乏说明，则拒绝注册：①非股份公司或者非外国资金划拨服务提供者；②作为法人的外国资金划拨服务提供者在日本无代表；③缺乏足够的财政基础；④未采取必要措施以恰当且安全地执行资金划拨服务；⑤未采取必要措施以确保遵守相关规定；⑥拟使用相同名称或者具有误导性的名称；⑦自被撤销注册之日起未过5年；⑧自被罚款之日起

---

〔1〕 英国有关指南要求，如果小型支付机构为合伙、非公司组织或者法人，拥有受限股份的任何人士为合适人选；董事以及负责经营的任何人士声誉良好且拥有相关知识和经验。法人与他人的紧密关系不得影响监管，国外规定及其执行也不得影响监管。

〔2〕 2009年《电子货币指令》第9条规定，注册制电子货币机构未偿余额在任何情况下均不得超过500万欧元，而英国2011年《电子货币条例》第13条还提出了额外要求，例如持有一定初始资本；建立了富有活力的治理安排以及有效运作程序；董事和有关人士声誉良好且拥有相关知识和经验，拥有一个商业计划并采取了保护电子货币持有人资金的充足措施。

〔3〕 See Payment Services Act 2009.

未过5年；⑨其他业务违反公共利益；⑩董事、审计师、会计顾问中有人为无行为能力人或者限制行为能力人，或因破产而尚未复权，或者自受到比无需服劳役的监禁更重的惩戒之日起未过5年，或自依本法受罚款处罚之日起未过5年，或者在注册被撤销之日的前30天担任董事等职位而自该天起未过5年。对于“预付式支付工具发行人”，该法第10条与第40条规定大同小异，拒绝注册的不同理由包括不是法人，净资产不足规定金额或者非营利法人，未建立必要系统以确保向成员商店付款。此外，所有时间限制均为3年而不是5年。[1]

韩国2006年《电子金融交易法》第28条规定，有意从事以下业务的任何人士均应该注册：①电子资金划拨；②发行和管理电子借记支付工具；③发行和管理电子预付工具；④电子支付结算代理；⑤总统令所规定的其他电子金融服务。[2]第31条规定，注册应该持有规定资本或者基本资产[3]、配置专业人才和物质装备并达到总统令所规定的金融稳健标准[4]。第32条规定，有以

〔1〕 日本有保证金要求，但不属于市场准入条件而是持续性监管措施。资金划拨服务提供者至少每月提交一次保证金，数量不少于每营业日平均未偿余额与执行成本之和，而担保合同、信托合同可以取代保证金。预付式支付工具发行人在未使用余额超过一定金额之后应该提交保证金，数量不少于未使用余额的一半。

〔2〕 收受资金或者代收代付资金且属于下列情形之一的电子金融服务：①为结算货物等价格而收受订金；②代收款人用电子方式通知付款人付款细节、直接付出或者接受资金并代为调整与结算。

〔3〕 根据第30条和总统令，第1~3类业务为公司且每类资本不得少于20亿韩元，其中电子资金划拨为30亿；第4~5类业务为公司或者法人且每类资本不得少于5亿，其他金融服务中为结算而收受订金应该有10亿。如果从事两类及以上业务，为每类资本相加之和，但是如果超过50亿，则为50亿。

〔4〕 如果注册人受韩国金融监督院监管，则由该院确定金融稳健标准；否则，债务总额与股权资本、投资或者基本资产总额之比由金融监督院在200/100以下确定。

下情况，应该拒绝许可或者注册：自注册被撤销之日起未过1年；自许可被取消之日起未过3年；尚在重整之中；未能偿还金融债务和其他商业债务；申请日之前3年因违反金融法律或者从属法规而被处以罚款或更重处罚；大股东存在上述情况。

（三）许可制度

美国、欧盟、韩国和我国台湾地区均建立了许可制度，但是日本仅有注册制度，并无许可制度。根据美国2004年修订的《统一货币服务法》第205节，监管者收到申请后应该进行调查，如果申请人按要求提交了文件、担保而净资产符合要求且申请人及其执行官员、经理、董事和控制人的经验、能力、性格均表明申请符合公共利益，则应该许可其从事货币汇兑业务。第204节规定，申请时应该提交担保债券、信用证或者监管者可以接受的其他担保，金额为5万美元，每增加一个营业地则增加1万，但是总额不超过25万；而第207节要求净资产不得少于2.5万。

欧盟2007年《支付服务指令》序言强调，支付机构许可应该包含与其业务风险相称的审慎要求，因而有必要规定初始资本和持续性资本。第6条规定，第1～5类业务不少于12.5万，第6类业务初始资本不少于2万欧元，第7类业务不少于5万。第10条规定，支付机构许可条件包括：①应该为法人；②按要求提交有关文件并获得肯定评价；③按成员国要求将总部设为注册地；④建立富有活力的治理安排[1]；⑤如果其他业务损害

〔1〕具体包括清晰的组织结构并反映在界定明确、透明以及一致的责任系统上，有效的程序以识别、管理、监督并报告所面临或者可能面临的风险，以及充分的内部控制机制，包括稳健的行政和会计程序。

或者可能损害其稳健性或妨碍监管机关监督其遵守本指令，则可能被要求为支付业务建立一个独立的实体；⑥股东或者限制股份持有人应该合适；⑦与其他自然人或者法人的紧密关系不会妨碍监管；⑧适用于上述自然人或者法人的第三国法律及其执行中的困难不会妨碍监管。

欧盟2007年《支付服务指令》第16条规定，支付机构还可以从事下列业务：①紧密相关的附属业务，例如外汇兑换、保管业务以及数据存储与处理，运营支付系统，根据共同体法与国内法从事其他业务；②开立支付账户，但是只能用于支付交易；③信贷业务，但是限于从属信贷且只能在执行支付交易中发放，短期信贷且任何情况下不得超过12个月，不能使用收受资金或者支付交易资金发放，自有资金在任何时候均应该维持在监管机关所确定的合适水平之上。

欧盟2000年《电子货币指令》为电子货币机构确立了一系列规则，但也存在不少问题：电子货币定义不清；业务范围过分狭窄；高额初始资本成为小公司申请许可的障碍。[1]指令将电子货币界定为持有人拥有的一种货币价值请求权，它存储在电子设备上，收取的资金不少于已经发行的货币价值，并被发行人之外的其他企业接受为支付方式。[2]“电子货币”被要求“存储在电子设备上”，这意味着从技术上限定其为卡基电子货

〔1〕 See Impact Assessment Accompanying the Draft Proposal for a Directive of the European Parliament and of the Council Amending Directive 2000/46/EC on the Taking up, Pursuit of and Prudential Supervision of the Business of Electronic Money Institutions 2008.

〔2〕 参见钟志勇：《网上支付中的法律问题研究》，北京大学出版社2009年版，第158页。

币，而不包括市场上各种预付型产品，例如“网基”电子货币。该定义还产生以下问题：如果存储价值少于已付金额将原则上使这种产品不能被界定为电子货币。2009 年新指令将其界定为通过电子包括电磁方式存储货币价值，代表发行人在收到资金后他人可以对其主张的一种请求权，目的在于进行支付并被发行人之外的自然人或者法人所接受。新指令拓展了业务范围，除发行电子货币以及从事紧密的相关服务外，新增提供支付服务、发放信贷、运营支付系统以及其他业务。新指令同时降低了初始资本要求，从 100 万欧元降至 35 万。

韩国 2006 年《电子金融交易法》第 28 条规定，任何打算从事电子货币发行与经营的人士均应该获得金融监督院的许可。第 30 条规定，电子货币发行人应该为股份公司，资本不少于 50 亿韩元。根据该法第 31 ~ 32 条，电子货币许可条件除符合注册条件外，还应该拥有合适及稳健的计划以执行有关业务、确保主要投资者具有总统令所规定的充足投资能力、良好的财务状况以及社会信誉，而拒绝许可原因与拒绝注册原因完全一致。第 35 条规定，获得许可的电子金融业务运营商可以从事注册机构的业务，电子货币发行与经营和总统令规定的其他必要业务[1]，还能从事上述业务之外的其他业务，只要总统令所确定的金融机构提供支付担保或者就所有未偿还的电子货币购买退款保证保险。

我国台湾地区 2015 年“电子支付机构管理条例”第 3 条规

---

〔1〕 ①开发、出售与出租与电子金融业务有关的数据处理系统和软件；②代为执行金融机构和电子金融业务运营商之间的部分电子金融服务；③金融监督院确定的为执行许可或者注册的其他必要业务。

定，电子支付机构指经主管机关许可，以网络或者电子支付平台为中介，接受使用者注册以及开立记录资金移转与储值情形之账户，并利用电子设备以联机方式传递收付讯息，于付款方以及收款方间经营下列业务之公司：代理收付实质交易款项；收受储值款项；电子支付账户间款项移转；其他经核定之业务，例如兼营电子票证。[1]第5条和第7条规定，电子支付机构以股份公司为限，最低实收资本额为新台币5亿元，但是仅代理收付实质交易款项者为1亿元。依据第11条，主管机关不予许可的理由有：最低实收资本额不符规定；申请书件内容有虚伪不实；限期补正相关事项届期未补正；营业计划书欠缺具体内容或者执行显有困难；经营业务之专业能力不足，难以经营业务；有妨害国家安全之虞者；其他未能健全经营业务之虞之情形。

二、电子支付服务机构准入问题分析

我国要求“非金融支付机构”市场准入时获得行政许可，并且满足最低资本和出资人资质等条件。然而，准入制度不够灵活、许可条件过于严格。准入门槛过高可能加剧市场垄断、增大市场风险并遏制零售支付的创新。[2]因此，有必要研究其中的问题，并找出解决办法。

---

〔1〕 中国台湾2009年“电子票证发行管理条例”第3条规定，电子票证指以电子、磁力或者光学形式储存金钱价值，并含有资料储存或者计算功能之晶片、卡片、凭证或其他形式之债据，作为多用途支付使用之工具。

〔2〕 参见蒋先玲、徐晓兰：“第三方支付态势与监管”，载《改革》2014年第6期。

（一）现行准入制度分析

在我国，建立准入制度即意味着设定许可。其实，注册制也是市场准入形式之一。而且，豁免制在某种意义上也是准入形式之一，即自由准入，连注册程序也不需要。中国人民银行提出的许可理由为：通过严格的资质条件要求，遴选具备良好资信水平、较强盈利能力和一定从业经验的机构进入市场，切实维护社会公众的合法权益。[1]“严格资质要求，遴选良好机构”用意非常好，体现了法律父爱主义，与中国传统文化“当官为民做主”契合，但是有替代市场机制之嫌。支付机构是诱致性制度变迁的产物，应该从宽起步，即尽量放手民间创新。中国人民银行是在电子支付市场有了较大发展之后才设定行政许可的，涉嫌保护既得利益。“维护公众权益”是设立许可的最终目的，而公众权益面临的最大风险是对备付金的不当使用。因此，在对备付金的安全加以严格保障的情形下，是否还有必要实施许可就成为一个问题。

中国人民银行在回答是否借鉴国际经验时提出：美国货币服务机构进入市场必须获得许可，并且符合关于投资主体、营业场所、资金实力、财务状况、从业经验等相关资质要求；欧盟要求各成员国应该对电子货币机构以及支付机构实行许可；韩国、马来西亚、新加坡等要求电子货币发行人必须得到许可。美国2004年修订的《统一货币服务法》规定了三个主要许可条

---

〔1〕“中国人民银行有关部门负责人就《非金融机构支付服务管理办法》有关问题答记者问”，http://www.pbc.gov.cn/publish/bangongting/82/2010/20100713161816038947129/20100713161816038947129_.html，2015年3月23日访问。

件：5 万美元担保；净资产不少于 2.5 万；有关人员经验等。净资产可解释为"财务状况"，申请人经验等可以认为是"从业经验"，但是担保无法解释为"资本实力"，美国法律也未规定注册资本，更无投资主体、营业场所要求。尽管美国针对第三方支付建立了较为完备的监管框架，但是在一些具体规定上相较其他国家仍然显得宽松。[1]我们可以认为，美国虽然形式上采用许可制，但是因为要求低，政府又无自由裁量权，实质上比某些国家的注册制还要宽松。

欧盟同时采用许可制、注册制和豁免制。但 2000 年欧盟《电子货币指令》存在不少问题，例如高额初始资本成为小公司申请许可的障碍。[2]同时，2007 年《支付服务指令》也产生了一系列问题[3]，而 2009 年新指令能否取得成功还是一个未知数。欧盟《电子货币指令》不太成功，因为其阻碍了储值卡的发展。[4]因此，在借鉴欧盟许可经验上需要谨慎。

韩国也同时采用许可制、注册制和豁免制。其 2006 年《电子金融交易法》规定，发行电子货币需要获得许可，但是电子

---

〔1〕 参见巴曙松、杨彪："第三方支付国际监管研究及借鉴"，载《财政研究》2012 年第 4 期。

〔2〕 See Impact Assessment Accompanying the Draft Proposal for a Directive on Electronic Money Institutions 2008.

〔3〕 See Impact Assessment Accompanying the Document: Proposal for a Directive of the European Parliament and of the Council on Payment Services in the Internal Market and Amending Directives 2002/65/EC, 2013/36/UE and 2009/110/EC and Repealing Directive 2007/64/EC and Proposal for a Regulation of the European Parliament and of the Council on Interchange Fees for Card-based Payment Transactions 2013.

〔4〕 See Jean Luyat, "A Tale of Regulation in the European Union and Japan: Does Characterizing the Business of Stored-Value Cards as a Financial Activity Impact Its Developments?", *Pacific Rim Law & Policy Journal*, 18 (2009), 525.

资金划拨，发行和管理电子借记支付工具、电子预付工具等仅仅需要注册。可见，韩国大部分电子支付业务无需获得许可。马来西亚对货币服务业、新加坡对货币汇兑业和发行“广泛接受的储值工具”实行许可制，但是中国人民银行忽略了日本。日本2009年《支付服务法》对资金划拨服务和预付式支付工具采用注册制。而且，马来西亚、新加坡等国的经验的重要性不如日本。因此，多数经济体实行许可制在表面上可能成立，但是实质上有问题。[1]

单一许可制不仅有问题，而且此项行政许可权的设定可能并不符合相关法律规定。中国人民银行在行政审批事项目录中将《中国人民银行法》第4条第9项以及2010年《非金融机构支付服务管理办法》第3条列为设定依据。该管理办法属于行政规章，无权设定许可。而法律规定为“维护支付、清算系统的正常运行”，但是没有明确授权中国人民银行实施监管。即使将上述规定解释为间接授权中国人民银行监管支付系统，仍然无法得出授权其监管非金融支付机构的结论。连中国人民银行内部人士也承认，《中国人民银行法》没有明确赋予其对支付系统全面监管的权力和职责，尚不足以形成中央银行实施监管的法律支持。[2]即使中国人民银行拥有监管支付机构的权力，也不必然得出其拥有支付业务许可权。然而，中国人民银行称

---

〔1〕 我国之所以采用许可制，在很大程度上是受计划经济造成的惯性思维的影响。另外，官本位思想、部门利益和集团利益也起了一定的作用。参见张海燕、罗士俐：“我国融资租赁业准入制度评论”，载《河南省政法管理干部学院学报》2011年第5~6期。

〔2〕 参见王瑛：“完善中央银行对重要支付系统的全面监管”，载《金融会计》2008年第12期。

“经国家行政审批部门认定”，对电子支付服务实行许可制度，但是未说明具体是哪个部门。据推测，这个部门应该是国务院。根据我国《行政许可法》，国务院在必要时可以采用发布决定的方式设定许可。但是，国务院并没有发布中国人民银行可以就支付业务实施许可的决定。中国人民银行自行制定规章，自我赋权，不符合法治精神。

（二）准入制缺陷及其完善路径

现行准入制单一，许可条件严格，设定程序存在缺陷。程序缺陷可以通过国务院决定或者制定《支付机构管理条例》来解决，而放松许可条件放入下一个标题中进行探讨，此处仅研究单一准入制的完善路径。建议将近期目标定为建立豁免制并放松许可条件，中期增加注册制，远期取消许可制而仅保留注册制和豁免制或者直接采用宽松的注册制。

1. 取消许可制。营业自由包括营业进入的自由，而许可制构成进入限制，必须符合法律保留原则。虽然我国现行《宪法》并未规定营业自由，但已有学者主张，“营业自由”是一项公民应然的宪法性权利，入宪“当之无愧”。[1]如果未来通过修宪纳入营业自由，则只有法律才能限制公民基本权利。唯有制定《支付机构法》才能将许可制合法化，但是难度可能比较大。

即使在形式上能通过立法将许可制合法化，仍需要接受实质性审查。许可制构成营业自由的重大限制，应该符合适当性、必要性、狭义比例原则。适当性又称“合目的性”，即所采取的

---

〔1〕 参见刘为勇：“‘营业自由’：一个不应被忘却的宪法性语词”，载《东方法学》2013 年第 3 期。

规制措施应该至少有助于行政目标或者任务；必要性体现在"不可用大炮打小鸟"，即为达到相同的目的，应该选择最小限制、最少侵害的手段；狭义比例又称"过度禁止"，旨在考察所采取的手段种类，会不会对营业自由有过度的限制。[1]设立支付机构许可的最终目标旨在"维护公众利益"，而备付金为客户最大利益。日本实行注册制，通过保证金制度来维护公众利益，而担保合同、信托合同还可以取代保证金。我国明确备付金不是支付机构自有财产，必须存入银行专门账户。上述措施构成信托，单凭这一点就足以对公众利益提供适当保护。但是，2010年《非金融机构支付服务管理办法》还强调银行协作监督责任，突出中国人民银行监管职责，要求实缴资本不得低于备付金日均余额10%，并设立许可。这些均是叠加要求，显然过于严格。许可制可能有助于维护公众利益，但是属于限制最大、侵害最大的手段，对于营业自由造成过度限制，因而违反必要性和狭义比例原则。建议取消许可制。[2]

2. 建立注册制。注册制分为许可制取消下的注册制和许可制保留下的注册制。前者以日本为典型代表，属于宽松的注册制，可以作为我国远期改革目标。其核心是以保证金来维护公众利益，包括无注册资本等积极条件，仅规定消极条件。建议将以下情况规定为消极条件：①书面申请或者随附文件对重要事项作出虚假

---

〔1〕 参见宋华琳："营业自由及其限制"，载《华东政法大学学报》2008年第2期。

〔2〕 有学者明确指出，第三方支付服务提供者无需获得许可，原因在于这将减少竞争且远远超出监管备付金范围。See Li. W.,"Licensing and Retained Funds Regulation of Internet Third Party Payment Providers in China", *Journal of Information, Law & Technology*, 2 (2009), 31.

陈述或缺乏说明；②未采取必要措施以恰当且安全地执行业务或者遵守相关规定；③拟使用相同名称或者具有误导性的名称；④自被撤销注册之日或者被罚款之日起未过5年；⑤董事自受到有期徒刑以上的刑罚之日或者依本法受罚款处罚之日或在注册被撤销之日的前30天担任董事等职位而自该天起未过5年。[1]

许可制保留下的注册制以欧盟和韩国为代表，其中欧盟注册制适用范围狭窄。2007年《支付服务指令》允许前12个月支付交易总额月均不超过300万欧元的自然人或者法人登记，2015年新《支付服务指令》[2]将该条件维持不变。[3]韩国注册制适用范围较为宽泛，可以作为我国中期改革目标。建议除预付卡采用许可制外，其他支付业务采用注册制。积极条件规定为应该持有规定资本、配置专业人才和物质装备并符合金融稳健标准，而消极条件规定为：自注册被撤销之日起未过1年；尚在重整之中；未能偿还金融债务和其他商业债务；申请日之前3年因违反金融法律而被处以罚款或者更重处罚；大股东存在上述情况。[4]

3. 建立豁免制。欧盟、韩国、新加坡和我国台湾地区均建立了豁免体制。欧盟第一项为“有限网络豁免”。是否构成“有限网络豁免”最终取决于法院判决。[5]然而，这无法为商业提供稳定预期。第二项为“电信豁免”。我国电信公司均设立了支付子公司，不需要此豁免。韩国不仅规定了最大发行额，而且

---

〔1〕 See Article 40 of Payment Services Act 2009.

〔2〕 See Article 32 (1) of Directive 2015/2366 on Payment Services in the Internal Market.

〔3〕 注册制电子货币机构未偿余额在任何情况下均不得超过500万欧元。

〔4〕 See Articles 31 ~ 32 of Electronic Financial Transaction Act 2006 (revised 2010).

〔5〕 See Guidance on the Scope of the Payment Services Regulations 2013.

明确了连锁店的豁免标准。在新加坡，最大发行额3000万元以下豁免许可，而欧盟和韩国同时豁免许可和注册。

我国2010年《非金融机构支付管理办法实施细则》将社保卡、公交卡、电话卡和商业预付卡排除在外，原因在于这些卡不属于严格意义上的支付工具。但是，随着市场的发展，某些社保卡逐步发展为市民卡。例如，杭州市民卡除用于社保外，可以在公共服务、城市交通、加盟店铺使用。同样，公交卡在非交通领域也有使用。不过，2012年《支付机构预付卡业务管理办法》已经明确，其在公共交通领域实现的当年累计预付卡交易总额不得低于同期发卡总金额的70%。建议将该限制运用于市民卡，即年交易额70%以上仍在社保领域可以豁免。此外，2012年《单用途商业预付卡管理办法（试行）》将企业所属集团或者同一品牌特许经营体系内使用的卡认定为单用途卡。这样，集团企业和连锁店没有数量限制，比韩国宽松，这或许是因为我国无注册制。但是，如果集团规模巨大或者连锁店众多而产生海量交易额，将对市场公平竞争产生严重不利影响，因而有必要引入发行或者交易限额，例如1亿元。

（三）许可条件分析及完善建议

许可条件包括积极条件和消极条件，而积极条件包括组织形式、资本要求、股东资质等。组织形式涉及的问题主要有：是否允许任何组织形式；是否对不同准入制采用不同组织形式。美国实行许可制，但是无组织形式要求，在规定申请人应该提交的文件时提及股份公司、有限公司、合伙和其他实体。新加坡对广泛接受的储值工具发行人实行许可制，但也无组织形式要求。[1]欧盟和韩国则对许可制和注册制下的申请人的组织形式提出了不同要求。欧盟要求许可制下的支付机构为法人，但是允许自然人注册。韩国要求许可制下的电子货币发行人为股份公司，但也允许任何人士注册。我国实行许可制，要求申请人为有限公司或者股份公司，比上述国际组织或者国家的要求都严格，这不太合理。因此，建议我国采用注册制的同时放松组织形式要求，让合伙或者个人独资企业也能合法注册，而许可制保持不变。

资本要求涉及的问题主要有：是否需要规定最低资本；如果需要，多少合适；是否需要按不同机构类型甚至不同业务提出不同资本要求。美国和日本均无资本要求，但是美国要求提供担保。新加坡 2006 年《支付系统（监管）法》也未对广泛接受的储值工具发行人提出资本要求，但是要求提供全额银行担保。我国有最低实缴资本要求，但在改革背景下是否还能维持存在不确定性，而国务院暂不实行注册资本认缴登记制的行业中无“支付机构”。[2]中国人民银行对支付机构实施许可面临合法性危机，最低资本要求也一样。即使国务院决定继续保留，现有的资本要求是否太高？按地域区分不同资本要求是否合适？欧盟区分支付机构和电子货币机构而提出不同资本要求，而且支付机构还区分不同业务，分别要求初始资本不少于 2 万、5 万、12.5 万欧元。对于电子货币机构，旧指令要求为 100 万，而新指令已降至 35 万。韩国将电子支付业务分得很细，而且不同业务资本要

〔1〕 See Payment Systems (Oversight) Act 2006.

〔2〕“注册资本登记制度改革方案”，http://finance.people.com.cn/n/2014/1127/c1004-26107821.html，2015 年 5 月 25 日访问。

求不一。例如，电子货币发行人不少于50亿韩元，电子资金划拨为30亿。如果从事两类及以上业务，为每类资本相加之和，但是最高不超过50亿。而我国要求，拟在全国从事业务的最低为1亿元，在省内的为3000万。可见，上述国际组织或者国家的资本要求都比我国低，对不同机构甚至不同业务还提出了不同资本要求，但是无一以不同地域范围为由而提出不同要求。以地域范围区分不同资本要求，对网络支付不适用[1]，除非是在当地发行并使用的预付卡。因此，即使不取消资本要求，我国也宜较大幅度降低注册资本并区分不同机构甚至不同业务提出不同要求。例如，从事预付卡业务最少为1000万，从事其他业务为100万，从事多种业务最高不超过2000万。

美国、欧盟、日韩等国家或者国际组织均未对股东资质提出任何要求，但我国要求主要出资人为有限公司或者股份公司，连续为金融机构或者电子商务活动提供信息处理支持服务2年以上并盈利2年以上。该要求不符合国际惯例且过于严格，这反映现有制度安排在价值取向上过于向交易安全倾斜，损害了经济效益，提高了市场主体的进入成本。[2]建议取消。

除上述要求外，我国积极条件还包括有符合要求的反洗钱措施、支付业务设施、营业场所和安全保障措施；有健全的组织机构、内部控制制度和风险管理措施；有熟悉业务的高管等多项条件。而消极条件仅1项，即申请人及其高管最近3年内

〔1〕 参见马永保：“第三方支付行业市场准入：现实依据、问题透视及改进路径”，载《南方金融》2013年第9期。

〔2〕 参见盛世豪：“试论我国市场准入制度的现状与改革取向”，载《中共浙江省委党校学报》2001年第3期。

未因利用支付业务实施违法犯罪活动或者为违法犯罪活动办理支付业务等受过处罚。日本实行注册制，仅仅规定消极条件，多达10项，但是部分条件实为积极条件。韩国区分注册制和许可制，前者积极条件3项，后者5项，但是消极条件相同，均为5项。我国台湾地区实行许可制，2009年“电子票证发行管理条例”规定的消极条件有5项，而2015年“电子支付机构管理条例”规定的消极条件多达7项。规定消极条件有利于限制政府的自由裁量权，增强可预见性，因此建议借鉴上述立法，将拒绝许可或者注册的理由规定得尽可能详细。

三、电子支付服务业务准入问题分析

业务准入要解决支付机构可以从事哪些支付业务，这首先取决于《支付机构管理办法》的定位。建议将办法定位于电子支付以及消费性支付，因为支付机构在电子化时代很少会采用传统方式，而批发性支付采用行业自律一般能解决问题。

美国对货币汇兑机构业务范围规定得非常简单。2004年修订的《统一货币服务法》规定，货币汇兑指销售或者发行支付工具、储存价值或者收受货币或货币价值后转移给他人。“销售或者发行支付工具、储存价值”纳入货币汇兑有一些牵强，但可以涵盖信用卡、预付卡等新型电子化支付工具。美国怀俄明州立法进一步明确，货币汇兑可以任何方式进行，包括但不限于电汇、传真汇款、电子划拨，或者通过任何媒介进行，包括但不限于网络或者其他电子媒介。[1]欧盟将“支付服务”界定

〔1〕 See Sections 40 - 22 - 102 - 103 of Wyoming Money Transmitters Act (2015).

为7类商业活动，但是存在较大问题。[1]日本《支付服务法》适用于“资金划拨服务”和“预付式支付工具”，而韩国电子支付交易分类太细，可能并无必要，例如电子借记支付工具属于电子资金划拨，电子预付工具实为电子货币。

我国2010年《非金融机构支付服务管理办法》规定的支付业务包括网络支付、预付卡的发行与受理和银行卡收单等。然而，银行卡收单指通过销售点终端等为特约商户代收货币资金的行为，法律上属于代收行为，不属于严格意义上的支付业务，更不是消费性支付。通过比较研究，我们发现，“资金划拨”准确地揭示了支付本质，概括程度高，并非日常用语，因而作为法律概念比较适合。建议我国采用“电子资金划拨”取代“网络支付”并将其定义为支付机构提供的任何资金划拨，包括网上支付、移动支付[2]、电话支付、电视支付等。[3]这样，电子支付服务包括电子资金划拨和预付卡的发行与受理。

---

〔1〕 参见第一章第三个标题。

〔2〕 使用移动终端进行的支付，其中编发短信息为短信支付，拨打某个号码为电话支付，上网进行支付构成互联网支付，还可以用于近场支付，即通过射频、红外、蓝牙等通道，实现与自动售货机、销售点终端等设备之间的本地通讯而进行的支付。

〔3〕 采用电子方式的货币汇兑，属于网上或者移动支付，而通过邮局的货币汇兑不属于电子支付。

第四章

电子支付服务中的市场监管问题

中国人民银行于2010年发布的《非金融机构支付服务管理办法》为监管“非金融机构”确立了基本规范，但也存在监管模式不太恰当、监管目标不太清晰、监管原则不太准确、监管措施过于严格、市场退出机制残缺不全等问题。本章拟比较研究各国电子支付市场监管模式、监管目标、监管原则和监管措施，并提出完善我国相关制度的立法建议。

一、电子支付服务市场监管模式

电子支付服务市场监管模式主要有机构监管模式、功能监管模式和目标监管模式三种。机构监管的基本理念是特定类型机构的所有监管事项由相应机构的监管者统一负责而不论其涉及何种业务。功能监管的基本理念是相似的功能应该受到相似的监管，而不论该功能由何种性质的机构行使。[1]而目标监管

---

〔1〕 参见廖凡：“金融市场：机构监管？功能监管?”，载《金融市场研究》2012年第1期。

的基本理念是不同监管目标由不同监管机构负责而不论其涉及何种机构或者业务。美国是互联网和第三方支付创新的发源地，其在联邦层面对第三方支付服务（货币服务）的功能性监管与在州层面对货币服务机构的机构监管有机结合，为第三方支付创造了一个既相对宽松又风险可控的良好监管环境。〔1〕欧盟同时采用机构监管和功能监管，对支付机构和电子货币机构采用机构监管，但是对包括信用机构、电子货币机构等在内的电子货币发行商发行电子货币，却采用功能监管。〔2〕英国则在机构监管和功能监管的基础上，明确了各机构的监管目标。例如，英格兰银行监管银行间支付系统的目标在于金融稳定。〔3〕

目前，我国对第三方电子支付实行机构监管。中国人民银行要求支付机构取得经营许可，并对其业务活动进行监管。关于2013年支付宝公司推出“余额宝”的监管争论以及2014年中国人民银行紧急暂停“虚拟信用卡”和“二维码支付”等类似事件凸显出我国的监管模式限于机构监管，缺乏产品监管、跨行业监管等功能性监管措施。〔4〕从理论上说，机构监管容易造成“监管真空”“监管套利”等问题，监管重心也不是保护公众利益，而是维系金融机构的风险可控性以及整个金融市场

---

〔1〕 参见蒋先玲、徐晓兰：“第三方支付态势与监管”，载《改革》2014年第6期。

〔2〕 See Recitals 16 & 57 and Article 1 of Directive 2007/64/EC on Payment Services and Repealing Directive 97/5/EC.

〔3〕 See Article 238 of Banking Act 2009.

〔4〕 参见蒋先玲、徐晓兰：“第三方支付态势与监管”，载《改革》2014年第6期。

的系统安全性。[1]然而，纯粹的功能监管框架面临一系列操作困难：首先，金融系统的主要功能需要可以操作的清晰的定义。其次，不同监管机构分别负责监测金融功能，容易就执法管辖权产生争执。最后，缺乏针对单个金融机构的监控。[2]总的来说，机构监管更有利于控制信用风险，而功能性监管将为所有市场参与者提供公平竞争的监管环境，并能较好地对各类金融创新产品实现有效监管。[3]因此，建议我国按照机构监管与功能监管并重的原则，打造纵横交错、经纬交织的“金融监管网”。[4]可是，如果没有明晰的监管目标，监管就会迷失方向，所以我国还需要借鉴英国的做法，明确电子支付市场的监管目标。

二、电子支付服务市场监管目标

泰勒认为，金融监管存在两个并行的目标：一是审慎监管目标，旨在维护金融机构的稳健经营（微观审慎）和金融体系的稳定（宏观审慎），防止发生系统性金融危机或者金融市场崩溃；二是致力于提高金融效率的行为监管目标，包括金融消费者保护、促进公平有效竞争、提高金融市场透明度、诚信建设

---

〔1〕 参见黄韬：“我国金融市场从‘机构监管’到‘功能监管’的法律路径”，载《法学》2011 年第 7 期。

〔2〕 参见余维彬：“美国向目标监管体系迈进”，载《银行家》2009 年第 6 期。

〔3〕 参见蒋先玲、徐晓兰：“第三方支付态势与监管”，载《改革》2014 年第 6 期。

〔4〕 参见王兆星：“机构监管与功能监管的变革”，载《中国金融》2015 年第 3 期。

和减少金融犯罪五个方面。[1]据此，我们可以将监管目标分为宏观审慎目标、微观审慎目标和行为目标。宏观审慎监管旨在防范系统性风险，包括系统性支付风险以确保金融稳定。发达国家均将此作为中央银行监管目标，例如美国在监管系统重要性金融市场基础设施和系统重要性支付、清算和结算活动时就以“金融稳定”为目标。[2]因此，建议中国人民银行亦采用此做法，并将《中国人民银行法》第4条第9项修改为“监管系统重要性金融市场基础设施”。微观审慎监管旨在促进金融机构，包括支付机构稳健经营，由银监会负责比较合适。以银行为代表的传统支付机构没有问题，但新型支付机构在我国被定性为“非金融机构”而难以成为银监会监管对象。建议将中国人民银行支付结算司重组为相对独立的支付系统监管局，由其负责监管所有支付机构。

《中国人民银行法》《商业银行法》和《银行业监督管理法》均未明确授权中国人民银行监管支付机构，更不可能确定监管目标。根据2010年《非金融机构支付服务管理办法》，促进支付市场健康发展，规范支付行为、防范支付风险和保护当事人的合法权益为立法宗旨。有学者主张，总体目标为建立和维护一个稳定、健全和高效的第三方支付体系，具体目标为促进支付手段和支付体系的高效和安全、加强消费者保护以及防

[1] 参见王兆星：“机构监管与功能监管的变革”，载《中国金融》2015年第3期。

[2] See Section 802 (b) of Dodd-Frank Wall Street Reform and Consumer Protection Act 2010.

范洗钱等。[1]确保电子支付市场良好运作是不言而喻的，因此关键在于如何确定操作目标。澳大利亚将促进竞争作为支付系统委员会的监管目标，并于2003年在全球率先采取反垄断措施[2]；而英国亦将竞争列为支付系统监管局目标。我国支付服务市场开放程度不高，缺乏公平竞争和反垄断理念，因此建议将竞争列为监管目标。因为支付系统创新缓慢，所以创新成为英国监管目标。中国人民银行也负责推进支付工具的创新，但是凭此难以确定创新已经成为中央银行监管目标。由于创新的重要性不言而喻，因此建议我国亦将创新列为监管目标。英国还将服务使用者列为监管目标，这是基于支付系统最终服务于使用者而言的，所以该目标为最高目标。[3]服务服用者包括保护消费者，但是范围更广，也更合理，因此建议我国将服务使用者也列为监管目标。值得指出的是，英国金融行为监管局监管包括支付机构和电子货币机构在内的金融机构，其目标中无创新但有经营稳健，而稳健指金融系统健全、稳定与灵活；不被金融犯罪所利用；不受滥用市场地位影响；运行有序；价格形成透明。[4]鉴于支付机构稳健经营非常重要，建议我国也将此列为监管目标。考虑到我国仅由支付系统监管局负责支付机构以及支付系统，建议最终将行为监管目标确定为竞争、创新、

---

〔1〕参见巴曙松、杨彪："第三方支付国际监管研究及借鉴"，载《财政研究》2012年第4期。

〔2〕See Reform of Australia's Payments System, *Preliminary Conclusions of the 2007/08 Review*, 2008, p. 20.

〔3〕See Articles 50 ~ 52 of Financial Services (Banking Reform) Act 2013.

〔4〕See Article 6 of Financial Services (Banking Reform) Act 2013.

经营稳健以及服务使用者。[1]

三、电子支付服务市场监管原则

有中国人民银行官员主张，坚持发展与规范并重、公平竞争和可持续发展、安全与效率兼顾、支付服务市场开放、政府监管、行业自律、自我约束等原则[2]，但这些均是操作性原则。有学者主张审慎监管、强化监管与支持创新兼顾、保护消费者等原则。[3]然而，审慎监管能否成为电子支付市场监管原则不无疑问，保护消费者为监管目的所涵盖，强化监管与支持创新亦为操作性原则。由于电子支付市场属于金融市场，我们认为其监管原则可以借鉴金融监管原则，并认定依法监管、适度监管和分类监管为三个最值得坚持的原则。

（一）依法监管原则

2010年《非金融机构支付服务管理办法》规定，支付机构依法接受中国人民银行的监督管理。可是，没有任何一部法律或者行政法规赋予中国人民银行该项权力。中国人民银行自行制定规章，自我赋权，不符合法治精神。[4]为了解决上述问题，至少应该由国务院通过《支付机构监管条例》。

（二）适度监管原则

适度监管是指监管主体的监管行为必须以保证市场调节的

---

〔1〕参见第二章第二个标题。

〔2〕参见欧阳卫民："非金融机构支付市场监管的基本原则"，载《中国金融》2011年第4期。

〔3〕参见巴曙松、杨彪："第三方支付国际监管研究及借鉴"，载《财政研究》2012年第4期。

〔4〕参见第二章第一个标题。

基本自然生态为前提，通过有效监管实现适度竞争，形成和保持适度竞争的环境和格局，以此促进金融业的发展。为此，金融监管主体的监管行为须满足以下要求：其一，监管者不能替代金融市场的作用。其二，监管者应该避免直接微观管制金融机构。其三，监管者应该充分发挥金融业自律机制和社会中介机构的作用。[1]在我国，必须特别强调适度监管原则，因为监管过度或者过严现象比较普遍。中国人民银行在解释“规范发展”时要求建立“严格”的监督管理机制[2]，而中国人民银行官员建议，按照“趋同银行监管”的要求，从严监管预付卡机构。[3]有学者指出，目前对第三方支付机构的要求较为严厉。[4]我国经济、政治以至社会各个领域均弥漫着一种一味地要求不出问题的文化，这是导致监管过度的重要原因。我们未能充分认识到，监管制度在金融市场资源配置机制中的补充性、有限性。[5]其实，国外在平衡安全与效率时，不是一味地压低风险，而是达到收入与成本之间的平衡。[6]日本为预付卡建立了一个

---

〔1〕 参见寇俊生：“关于金融监管法原则的思考”，载《金融研究》2003 年第 4 期。

〔2〕 “中国人民银行有关部门负责人就《非金融机构支付服务管理办法》有关问题答记者问”，http：//www. pbc. gov. cn/publish/zhifujiesuansi/1068/2010/20100911200013779266250/20100911200013779266250_ . html，2015 年 6 月 26 日访问。

〔3〕 参见刘英：“非金融机构支付业务现状和监管思考——以河南省为例”，载《金融经济》2013 年第 10 期。

〔4〕 参见蒋先玲、徐晓兰：“第三方支付态势与监管”，载《改革》2014 年第 6 期。

〔5〕 参见盛学军：“论金融监管法的基本原则”，载《中共四川省委省级机关党校学报》2012 年第 3 期。

〔6〕 参见巴曙松：“当前中国网络支付市场的发展趋势与安全”，载《中国支付清算》2013 年第 1 期；杨涛：“完善非金融机构支付市场的思路”，载《中国支付清算》2013 年第 1 期。

简单且灵活的监管框架，而欧盟监管体系由于复杂且审慎要求严格，因而阻碍了电子货币的发展。[1] 不过，欧盟2009年《电子货币指令》已经大为放松，但其中经验教训值得认真汲取。这提醒我们在设计监管制度时需要进行“成本效益分析”，提防“监管失灵”，以便从思想与行动上有效贯彻适度监管原则。

（三）分类监管原则

分类监管原则要求依据合适的标准对支付机构进行分类以便采取差异化监管措施。首先，依据重要性标准可分为系统重要性支付机构、重要支付机构和普通支付机构。系统重要性支付机构需要宏观审慎监管和微观审慎监管，重要支付机构只需微观审慎监管，而普通支付机构仅需非审慎监管（行为合规即可）。审慎监管是指对金融机构防范和控制风险的能力和状况的监管，主要包括：一是对金融机构资本充足率和资产负债比例实施监管；二是对金融机构资产质量、流动性和盈利性实施监管；三是对金融机构内部控制机制实施监管。[2] 支付机构不吸收存款，这在很大程度上降低了审慎监管的必要性。[3] 鉴于客户沉淀资金（备付金）在确保支付机构稳健运营、保护消费者权益方面处于核心地位，因而监管重心应该聚焦于沉淀资金。

---

〔1〕 See Jean Luyat, “A Tale of Regulation in the European Union and Japan: Does Characterizing the Business of Stored-Value Cards as a Financial Activity Impact Its Developments?”, *Pacific Rim Law & Policy Journal*, 18 (2009), 525.

〔2〕 参见寇俊生：“关于金融监管法原则的思考”，载《金融研究》2003年第4期。

〔3〕 有人主张对同样不吸收存款的小额贷款公司实行非审慎监管。参见周孟亮、李俊：“普惠金融视角下小额贷款公司监管模式研究”，载《吉首大学学报（社会科学版）》2014年第1期。

对此，各国或地区通行的做法是采用账户隔离、提供担保、设置法定信托等。这些措施可以有效应对沉淀资金问题，因此一般不需要采用审慎监管。其次，依据支付手段标准可以分为虚拟账户型、电子货币型等多种支付机构。欧盟有电子货币机构和支付机构，日本有预付式支付工具发行人和资金划拨服务提供者，我国台湾地区有电子票证发行人和电子支付机构。不同支付模式的差别较大，对监管的个性化要求较高，需要建立分类监管体制。[1]

四、电子支付服务市场监管措施

电子支付服务市场监管措施主要包括自有资金要求、备付金安全措施、投资限制和业务限制等。

（一）自有资金要求

日本、韩国、我国台湾地区均无自有资金要求，但是欧盟有此要求且还有另一个名称，即持续性资本要求。欧盟 2007 年《支付服务指令》第 7 条规定，自有资金不少于初始资本或者依据第 8 条三种方法之一所计算出来的金额，两者中以金额高者为准。[2]美国无严格意义上的自有资金要求，只有净资产要求。2004 年美国修订的《统一货币服务法》第 207 节要求被许可人净资产至少应该有 2.5 万美元，但是该要求具有选择性，因为

〔1〕 参见巴曙松、杨彪：“第三方支付国际监管研究及借鉴”，载《财政研究》2012 年第 4 期。

〔2〕 2009 年《电子货币指令》第 5 条规定，电子货币机构自有资金不少于初始资本 35 万欧元或者依据本条四种方法之一所计算出来的金额，两者中以金额高者为准，而监管机构还有权依具体情况增减 20%。

部分州有此要求而其他州则依赖担保[1]和投资限制。而且，净资产要求是申请人在获得许可时必须满足的条件，这意味着该要求是市场准入条件，不属于持续性监管措施。然而，该法第204节规定，在净资产减少、遭受经济损失等情况下，担保可增加到100万美元。此时，担保不再是市场准入条件而属于持续性监管措施。我国2010年《非金融机构支付服务管理办法》第30条要求实缴货币资本与客户备付金日均余额的比例不得低于10%。由于资本即使实缴也会不断变动，如何计算其与备付金的比例就成为一个问题。如果将实缴资本解释为自有资金或者持续性资本或净资产能解决上述问题，那么该要求是否有必要？从国际经验来看，欧盟有此要求。但是，在评估2000年《电子货币指令》时欧盟认定，自有资金要求与其他措施一起导致监管过度[2]，因而没有必要借鉴其做法。鉴于备付金安全措施可以解决消费者保护问题，建议删除该管理办法第30条。

（二）备付金安全措施

美国2004年修订的《统一货币服务法》第701节规定，允许的投资即使与其他财产混合在一起也应该视为信托财产，以便在破产或者接管时购买并持有被许可人未偿支付工具和存储价值的当事人可以主张其权益。可见，美国通过法定信托来保护消费者利益而不要求专户存储。欧盟2007年《支付服务指

---

〔1〕 2004年修订的《统一货币服务法》第204节规定，申请时应该提交担保债券、信用证或者监管者可接受的其他担保，金额为5万美元，每增加一个营业地则增加1万，但是总额不超过25万。

〔2〕 See Impact Assessment Accompanying the Draft Proposal for a Directive on Electronic Money Institutions 2008.

令》第9条要求综合公司不将沉淀资金与其他资金混合并存入信用机构专门账户或者投资于安全、流动性好的低风险资产，或者购买保险或其他担保。[1]根据上述指令第9条，成员国有权要求单一业务公司也采取相应措施，亦有权仅要求公司对支付服务使用者600欧元以上的资金采取上述措施，但2015年新《电子支付指令》已删除上述授权，原因在于统一做法有利于欧盟境内的公平竞争并增加法律的确定性。[2]

对于第一项授权，英国大型货币汇兑机构表示，多数情况下汇款收到前就付给了收款人，再采取安全措施并不能给消费者带来额外利益，而且汇款可通过其他方法获得保护，例如使用特殊符号标记、提出初始资本和持续性资本要求、禁止为其他目的使用资金。移动电话营运商认为，对所有电话费余额采取安全措施操作十分困难且过重的经济负担会导致这些产品从市场上退出。部分人士认为，如果支付机构得同时采取安全措施并满足审慎要求，则监管环境可能变得过于沉重。然而，大部人强烈主张，消费者应该受到相同保护而不论公司采用何种经营模式。与非综合公司相比，综合公司通常交易量低。如果只要求综合公司采取安全措施，则不符合比例原则。采用不同做法将导致公司重组，综合公司会将支付业务独立成为一个实体，从而规避安全措施要求。英国政府认为，不同做法将导致消费者保护水平不一，因此综合

〔1〕 该条同样适用于电子货币机构。2009年《电子货币指令》序言还强调，为了确保电子货币机构和信用机构公平竞争，电子货币机构审慎监管体制宽松，但是其他要求严格，例如电子货币持有人沉淀资金安全措施。

〔2〕 See Proposal for a Directive on Payment Services and Repealing Directive 2007/64/EC, 2013.

公司和非综合公司均应该采取安全措施。

对于第二项授权，英国部分人士认为，如果安全措施适用于所有交易，则低值支付工具的开发可能受阻。通过适用 600 欧元门槛，指令的实施建立在风险基础之上并贯彻了比例原则。其他人则主张，600 欧元的设置过于武断，因为平均汇款额为 324 英镑，该门槛不能保护那些最脆弱和被金融排斥的对象。从公司角度来看，区分 600 欧元以上或者以下的成本可能过大。而且，监管成本可能导致小型公司进入困难。英国政府积极主张保护消费者，并同时确保支付机构拥有一个创新环境。政府建议将门槛定为 50 英镑，超过此金额时综合公司和非综合公司均得采取安全措施并允许公司对所有使用者的资金采取措施。〔1〕

日本 2009 年《支付服务法》第 43 条要求资金划拨服务提供商至少每月提交一次保证金，金额不少于上周营业日日均未偿债务余额与操作成本之和，而中央或者地方政府债券或其他经指定的债券可替代保证金。该法第 44～45 条规定，保证合同或者获准的信托合同亦可以取代保证金。新加坡 2006 年《支付系统（监管）法》第 35 条要求广泛接受的储值工具发行人提供全额银行担保。我国台湾地区 2009 年“电子票证发行管理条例”第 18 条要求收取之款项达一定金额以上者缴存足额之准备金，并且扣除准备金后全部交付信托或者取得银行十足之履约保证，而 2015 年“支付机构管理条例”第 19～20 条有类似规定。

〔1〕 See Implementation of the Payment Services Directive: A Summary of Consultation Responses, 2008.

我国2010年《非金融机构支付服务管理办法》在客户备付金保护措施方面作出了以下规定：①明确备付金不属于支付机构的自有财产；②限定备付金的持有形式，即必须选择商业银行专户存放备付金；③强调商业银行的协作监督责任，商业银行有权对违反规定使用备付金的申请或者指令予以拒绝；④突出中国人民银行的法定监管职责，要求支付机构和备付金存管银行分别报送有关资料，而中国人民银行有权进行现场检查。[1]2013年《支付机构客户备付金存管办法》要求计提风险准备金，要求备付金日终余额合计数不得低于上月所有备付金银行账户日终余额合计数的50%。[2]对比其他国家或者地区的立法，我们发现：

第一，安全措施过于严格。备付金专户存放可以保护消费者利益，但是2010年《非金融机构支付服务管理办法》还要求商业银行协作监督，而《支付机构客户备付金存管办法》则规定了风险准备金计提比例、存管银行备付金存放比例。上述比例属于监管银行的做法，若适用于支付机构则属于监管过度。而要求商业银行对违反规定使用备付金的申请或者指令予以拒绝有点勉为其难，无法有效实施。我国台湾地区的做法与大陆有些类似，但是无存管银行备付金存放比例要求，其备付金要求仅仅适用于一定金额以上，而非所有备付金。新加坡要求提供银行担保，而日本仅要求一定金额的保证金。欧盟对综合公

---

〔1〕“中国人民银行有关部门负责人就《非金融机构支付服务管理办法》有关问题答记者问”，http：//www. pbc. gov. cn/publish/bangongting/82/2010/20100713161816038947129/20100713161816038947129_ . html，2015年3月23日访问。

〔2〕如果符合《支付机构客户备付金存管办法》第38条所规定的条件之一，支付机构可以申请适当调整实缴货币资本与客户备付金日均余额比例、备付金存管银行的客户备付金存放比例、风险准备金计提比例。

司提出了专户存储要求且600欧元以上部分才适用，但是英国对综合公司和非综合公司均提出了要求并将门槛降至50英镑。美国通过法定信托来保护沉淀资金，要求最为宽松。基于前述理由并借鉴上述立法，建议我国仅仅保留专户存储要求，取消比例要求以及商业银行协作监督。

第二，安全措施形式过于单一。我国台湾地区和日本都可以用信托或者保证来取代专户存放。欧盟可以用安全且具有流动性的低风险资产或者保单或担保来取代专户存放。可见，用信托、保单或者担保来取代专户存放属于通行做法，建议我国也采用此种方式。

（三）投资限制

美国2004年修订的《统一货币服务法》第701节规定，被许可人应该确保允许的投资在任何时候不少于其未偿支付工具、存储价值和汇兑金额之和，而监管者可以限制其投资于某一类资产，并允许投资其他安全资产。该法第702节规定，允许的投资包括：①现金、存单或者被保险存款机构的高级债务；②银行承兑汇票或者银行汇票；③获得评级前三级的资产；④联邦政府债券或者其担保的债务或州政府债务；⑤应收账款，但是总额不超过20%且对任何人不超过10%；⑥开放式投资管理公司发行的股份或者证书。[1]

欧盟要求支付机构将沉淀资金存入信用机构或者投资于安

---

〔1〕 2004年修订的《统一货币服务法》第702节还规定，有息汇票、票据、债券或者在全国性证券交易所或柜台市场上市的公司所发行的债券或者股票等资产可以投资，但是总额不超过50%。

全的低风险资产。“安全的低风险资产”包括中央政府发行或者担保的债务证券，中央银行、国际组织、多边开发银行或者成员国地区政府或地方政府发行的债务证券，信用等级一至三级的机构发行或者担保的债务证券，信用等级一至二级的公司发行或者担保的债务证券。[1]2009年《电子货币指令》第7条还规定，仅投资于上述资产的可转让证券集合投资计划也包括在内。

我国台湾地区2009年发布的“电子票证发行管理条例”第19条和2015年“支付机构管理条例”第21条均规定，财产之运用以银行存款，购买政府债券或者金融债券或国库券或者银行可转让定期存单或经主管机关核准之其他金融商品为限。

我国2010年《非金融机构支付服务管理办法》第24条第2款规定，禁止支付机构以任何形式挪用客户备付金。既然禁止挪用，当然不会允许用备付金投资。也许是中国人民银行认识到这样过于严格，所以2013年《支付机构客户备付金存管办法》第16条采用“存放”一词，允许以单位定期存款、单位通知存款、协定存款或者中国人民银行认可的其他形式存放客户备付金。明文规定的只有存款，限制仍非常严厉。我国台湾地区可购买政府债券或者金融债券或国库券或者银行可转让定期存单。欧盟还可购买中央银行、国际组织、多边开发银行或者成员国地区政府或地方政府发行的债务证券等。美国的投资限制最为宽松，允许的投资还包括银行承兑汇票或者银行汇票、

---

〔1〕 See Annex I to Directive 2006/49/EC of the European Parliament and of the Council of 14 June 2006 on the Capital Adequacy of Investment Firms and Credit Institutions.

应收账款和开放式投资管理公司发行的股份或者证书等。建议我国承认支付机构在满足办理日常支付业务需要后有权运用备付金进行“投资”，并逐步扩大范围，至少可以放宽至政府债券、金融债券和可转让存单等品种。

既然允许投资，收益归谁？备付金不属于支付机构自有财产，收益应该归其所有人，即消费者。考虑到收益分配所产生的高成本，建议将其划归消费者权益保护机构，由此在理论上实现沉淀资金权属的逻辑自给。[1]如果采用此方案，支付机构哪有积极性？支付机构不能运用备付金，不能获取其收益，仅仅依靠手续费公司难以存活，这违背商业现实。[2]《支付宝服务协议》第5条第12款明确规定，本公司就所有该代收代付款项产生的任何收益（包括但不限利息和其他于孳息）享有所有权。[3]我国台湾地区2009年“电子票证发行管理条例”第19条和2015年“支付机构管理条例”第21条均明确规定，运用财产所生之孳息或者其他收益，减除成本、必要费用以及耗损后，依信托契约之约定，分配予发行机构，但是后一条例还规定，应该计提一定比率金额，作为回馈使用者或者其他主管

---

〔1〕 参见张春燕：“第三方支付平台沉淀资金及利息之法律权属初探——以支付宝为样本”，载《河北法学》2011年第3期；蔡秉坤：“我国网络交易中的电子支付法律关系分析与法制完善”，载《兰州学刊》2013年第3期；龚鹏程、臧公庆：“支付清算型互联网金融监管立法述评”，载《江西财经大学学报》2015年第3期。

〔2〕 调研访谈，人物：钱袋网（北京）信息技术有限公司总经理，时间：2014年7月21日，地点：北京。

〔3〕 https://help.alipay.com/lab/help_detail.htm?help_id=211403，2015年12月10日访问。

机关规定用途使用。英国 2009 年《支付机构条例》[1]第 19 条和 2011 年《电子货币条例》[2]第 21～22 条也明确规定，支付机构之外的任何人均不得对沉淀资金或者相关资产及其收益主张任何利益或权利，除非条例有例外规定。美国怀俄明州 2015 年修订的《货币汇兑商法》[3]第 40－22－106 条更直接规定，被许可人有权收取所有利息和红利。建议我国借鉴上述立法，允许通过信托形式将备付金收益分配给非金融支付机构。[4]我国 2001 年《信托法》第 43 条第 3 款规定，受托人不得是同一信托的唯一受益人，因此需要同时明确委托人亦为受益人及其比例。

（四）业务限制

我国 2010 年《非金融机构支付服务管理办法》仅仅允许支付机构从事网络支付、预付卡的发行与受理、银行卡收单和中国人民银行确定的其他支付服务。可见，支付机构不能从事支付服务之外的业务，也就无业务限制问题。我国台湾地区的做法与大陆类似，电子票证机构只能发行电子票证、签订特约机构并从事其他经主管机关核准之业务。不过，台湾地区主管机构核准的业务不限于支付业务，似乎为业务兼营留有余地，但取决于其自由裁量权。韩国电子货币发行商业务范围比我国台湾地区的宽泛，可提供电子资金划

---

〔1〕 See The Payment Services Regulations 2009.

〔2〕 See The Electronic Money Regulations 2011.

〔3〕 See Wyoming Money Transmitters Act (2015).

〔4〕 有学者甚至主张，不将孳息交给消费者，数额较大的，构成侵占罪。参见黄晓亮："第三方支付风险的刑法防控"，载《法学》2015 年第 6 期。

拨服务、发行和管理电子借记支付工具或者电子预付工具、提供电子支付结算代理服务、从事总统令所规定的其他电子金融服务，还可以从事其他业务，如开发、销售或者租赁相关电子处理系统和软件、代为执行电子金融交易以及从事金融监督院许可的其他业务。[1]而且，只要金融机构提供支付担保或者购买退款保证保险，电子金融业务运营商就可从事上述业务之外的业务。[2]欧盟电子货币机构业务范围也比较宽泛，有权从事以下业务：提供支付服务；发放贷款；从事与其运营紧密相关的从属服务，如外汇交易、保管业务、数据的存储与处理；运营支付系统；依共同体法或者国内法可以进行的其他商业活动。欧盟电子货币机构业务限制走过了一段弯路，2000年欧盟《电子货币指令》原本限制很严，但是2009年指令已经大为放松，这其中的经验教训值得我们汲取。我国2010年《非金融机构支付服务管理办法》不允许支付机构兼营其他业务，属于限制过严，建议将“中国人民银行确定的其他支付服务”修正为“中国人民银行确定的其他业务”。中国人民银行可以通过个案审批方式逐步扩大业务范围并积累经验，条件成熟时将经实践证明可行的其他业务以列举方式纳入该管理办法。

支付机构能否发放贷款？我国1997年《支付结算办法》确立了“银行不垫款”原则，所有银行不能发放结算贷款。以此

---

〔1〕 See Article 22 of Enforcement Decree of Electronic Financial Transaction Act 2006 (revised 2013).

〔2〕 See Article 35 of Electronic Financial Transaction Act 2006 (revised 2010).

类推，支付机构亦不能发放结算贷款。然而，欧盟允许支付机构发放贷款，但是必须满足以下条件：贷款是从属的且只在执行支付交易中发放；贷款是短期的，任何时候不超过 12 个月；贷款不得使用支付交易资金；自有资金在任何时候均维持在合适水平以上。可见，欧盟允许支付机构发放结算贷款。我国确立“银行不垫款”原则的主要是银行内控机制不太健全，如果能解决此问题，则应该允许发放结算贷款。

第五章

电子支付服务中的消费者权益保护问题

在我国，大多数电子支付服务建立在银行卡的交易基础之上，如果能适用银行卡消费者权益保护制度或者类似制度，则该问题能够获得解决。因此，本章以银行卡中的消费者权益保护问题为中心来论述电子支付服务中的消费者权益保护问题。但是，目前国内还没有专门的法律对银行卡参与方进行规范，各方的权利、义务尚不明确，对不法行为也缺乏明确与有效的约束。适用于银行卡的规范仅有中国人民银行于1999年颁布的《银行卡业务管理办法》。虽然该行政规章规定了银行卡当事人之间的职责，但是立法的效力层次不高，对消费者的保护力度很不够。[1]有必要指出的是，中国人民银行于2005年还发布了《电子支付指引（第一号）》。虽然银行卡网上支付显然属于该指引所界定的电子支付，但是该指引不具有法律效力。本章首

---

〔1〕 参见钟志勇："网上支付中的消费者保护问题——美国立法规定及对我国的启示"，载《国际贸易问题》2002年第5期。

先从经济学角度简要分析风险承担机制，然后重点研究责任承担规则、信息披露制度与错误处理程序，并提出完善我国电子支付服务中的消费者权益保护制度的若干构想。

一、电子支付服务风险承担机制之经济分析

持卡人网上使用银行卡时最担心的问题是未获授权使用，例如黑客截获银行卡账号并破解密码后使用。当一笔资金从持卡人账户中被提出并落入非预定接受者之手时，肯定性错误(false positives)〔1〕随之发生。非预定接受者可能是发起错误支付的盗贼或者无辜的当事人。这种错误的直接损失是从账户中被提走的资金，常为支付工具的面额。因此，对于肯定性错误而言，损失金额很容易确定，问题是如何分配已知损失。

有时，银行是唯一可采取预防措施的当事人。有时，持卡人可能是唯一可采取预防措施的当事人。当损失源自持卡人授权使用存取工具但遭滥用时，亦应该主要由持卡人采取预防措施。假设持卡人将卡片交给另一当事人并告知密码，指示后者用卡不能超过一定限额但后者用卡时超过限额，这几乎等同给予某人空白支票。此时，一方面由持卡人采取预防措施以避免损失的成本几乎为零。另一方面，由银行采取预防行为非常困难，因为持卡人已自愿让违法作恶者规避了银行提供的保护措施。当然，可以进行技术创新，但是持卡人这类行为亦会限制其效率。由于所涉行为是有意的、自愿的，持卡人可能对责任规则作出反应。因此，损失减少规则倾向于由持卡人承担损失。

---

〔1〕 肯定性错误指发生不应该发生的支付，如兑现伪造支票。

然而，这种结果与损失分散原则直接冲突，后者继续倾向于由银行承担责任，原因在银行很容易分散损失。

实践中，大多数案件可能远远没有上述例子明显，原因在于银行和持卡人均可以采取预防措施。例如，持卡人只要小心谨慎就可以避免遗失借记卡而产生损失，银行可以在卡片的设计上进行技术创新而减少损失。虽然持卡人遗失卡片难以避免，但当然可以避免将密码写在卡上。因此，持卡人可能会被认为是最便宜的损失避免者，因为只要不粗枝大叶即可。

然而，该论点忽视了技术创新的作用。在减少信用卡和借记卡损失这一问题上，密码只是技术创新的起点而不是终点。研究人员正在开发一系列新颖的身份识别工具，部分工具依赖生理特征，诸如指长、签字速度和力量、掌纹和声纹，而其他工具依赖与密码相似但已有所改进的编码系统。这意味着对于持卡人采取更多预防措施可以避免损失的情形来说，银行同样有能力避免损失。

因此，对于大多数肯定性错误，双方都可能采取预防措施。持卡人几乎总能采取某些预防措施，而对于促使其采取预防措施的责任规则至少会作出部分反应。但是，银行通常可以采取其他预防措施，并且技术创新可以进一步减少损失。因此，对于肯定性错误，有效率的法律规则是让每一方承担足够责任以促使其采取符合成本效益原则的预防措施，即每一单位开支会最大限度地减少损失的预防措施。此外，如果损失不可避免，法律必须有效率地分散损失，必须确立使损失执行成本最小化的简单规则。

解释这种规则的起点是，应该在持卡人有能力采取预防措施时提供避免损失的部分动力。但是，反应因素表明存在一个最佳责任点，超过该点即使责任增加，持卡人不会再采取更多的损失避免行为。如果超过该点则应该由银行承担全部损失，因为银行能够分散损失并开发新的技术以抵消本身以及持卡人粗枝大叶而产生的损失。损失执行原则表明应该设立固定金额的责任限制，持卡人和银行都应该严格承担所分配的部分损失。因此，对于双方均可以采取预防措施的肯定性错误，经济上有效率的规则是持卡人只需要承担限额责任。持卡人严格承担限额以下的责任，而银行严格承担限额以上的责任。我们称之为“持卡人限额责任”规则。

在绝大多数案件中，双方均可以采取预防措施，因而将适用持卡人限额责任规则。在制定这种法律规则时，将责任限制确定在有效率的水平上是一个主要问题。美国联邦法律中的各种限额显然是猜测和政治妥协的结果。采用更为合理的方法需要获取市场数据或者由市场产生的经验数据。如果经验证据表明，持卡人采取的预防措施根本不是对责任的反应或者缺乏弹性，那么经济学原则将倾向于由银行承担严格责任；如果经验证据表明恰恰相反，必须面对将责任限额准确地定在何处这个难题。

由于现在无法获得相关数据，我们只能推测某些可能的选择。也许持卡人对法律确定的支付损失分配规则无任何反应。该主张并不奇怪，持卡人可能根本不知道责任规则，但因避免承担责任之外的原因而采取预防措施。持卡人可能根本不会对责任规则作出反应这一点表明，银行对所有肯定性错误带来的损失应该承担严格责任，或者持卡人责任的法律限制应该定在名义责任之上。

另一种可能是，持卡人采取的预防措施与责任规则之间具有部分弹性。为作出反应，持卡人需要知道法律将某些支付损失已经分配给他，而且不能严重低估损失发生的可能性。如果存在以上情况，将责任限制提高到象征性责任以上将大大减少损失并使持卡人采取更多预防措施。然而，随着责任的增加，持卡人采取预防措施的增长速度在递减，即持卡人采取预防措施并未有多少增加，不能分散的损失越来越多，这给持卡人带来的压力亦越来越大。此时，最佳的责任规则是将持卡人责任限制在一个数量较大但又不太多的金额上。该规则模仿大多数私人保险合同的做法，因为持卡人对最初损失承担严格责任直到某一限额为止与保单中的免赔额相似，而银行应该对超过限额的损失承担严格责任。[1]

二、电子支付服务中的责任承担规则

（一）电子支付服务责任规则之比较

我国尚未对银行卡在互联网上的使用制定特别规则。在解释上，网上银行卡适用现有规范，即 1999 年《银行卡业务管理办法》。另外，2005 年《电子支付指引（第一号）》亦可以参照适用。《银行卡业务管理办法》第 56 条第 1 款规定，银行卡申请表、领用合约是发卡银行向银行卡持卡人提供的明确双方权利与责任的契约性文件，持卡人签字，即表示接受其中各项约

---

〔1〕 See Robert Cooter & Edward Rubin, "A Theory of Loss Allocation for Consumer Payments", *Texas Law Review*, 66 (1987), 112 ~ 135.

定。而《银行卡业务管理办法》第 54 条第 2 项明确要求持卡人遵守银行卡章程以及合约。

1999 年《银行卡业务管理办法》第 53 条第 4 项规定，借记卡的挂失手续办妥后，持卡人不再承担相应卡账户资金变动的责任，司法机关、仲裁机关另有判决的除外。根据以上规定，如果借记卡遗失或者被盗，持卡人承担挂失手续办妥前的全部责任。这意味着持卡人对借记卡挂失手续办妥前的未获授权使用承担“无过错责任”。《银行卡业务管理办法》第 52 条第 5 项授权发卡银行在章程或者协议中规定挂失责任，而第 52 条第 6 项要求发卡银行在有关卡的章程或者使用说明中向持卡人说明密码的重要性以及丢失的责任。由此可见，信用卡发卡银行可以在章程或者协议中自由地“约定”挂失责任以及丢失密码的责任，法律对该问题无任何限制。

我国 2005 年《电子支付指引（第一号）》第 41 条规定，由于银行保管、使用不当，导致客户资料信息被泄露或者篡改的，银行应该采取有效措施防止因此造成客户损失，并及时通知和协助客户进行补救。第 45 条规定，非资金所有人盗取他人存取工具发出电子支付指令，并且其身份认证和交易授权通过发起行的安全程序的，发起行应该积极配合客户查找原因，尽量减少客户损失。第 44 条还要求客户妥善保管、使用电子支付交易存取工具。由此可见，不论是银行还是客户原因导致未获授权使用，银行均不承担责任。客户承担了所有电子支付风险，指引对其责任无任何限制，而客户责任建立在“无过错责任”之上。此外，第 42 条规定，因银行自身系统、内控制度或者为其提供服务的第三方服务机构的原因，造成电子支付指令无法按约定时间传递、传递不完整或者被篡改，并造成客户损失的，银行应该按约定予以赔偿。但是，如果银行未在合同中“约定”赔偿，则无需赔偿。这是一种授权条款，实践中恐怕很少有银行会为自己“约定”赔偿责任。〔1〕

中国银行在银行卡章程中约定的当事人责任主要有无过错责任和过错责任两种。例如，《信用卡领用合约》（2015 年版）第 13 条第 1 款规定，甲方对挂失生效前发生的交易承担责任，对挂失生效后发生的交易不承担责任，但甲方与他人合谋、欺诈或者有其他不诚信行为，或甲方拒绝配合乙方进行相关调查或者提供相关证明的除外。持卡人需要无条件承担挂失之前的损失而不管其是否有过错，这说明中国银行信用卡持卡人的责任建立在“无过错责任”之上。但是，第 9 条第 2 款规定，除非乙方存在法律法规规定的过错，甲方不得以无交易凭证、交易凭证上签字非本人所为、密码非本人输入或者未输入密码等理由拒绝偿付因交易发生的款项。此款说明，与持卡人承担“无过错责任”形成鲜明对照的是，银行承担法律法规所认定的“过错责任”。

《长城国际信用卡领用合约》（2015 年版）第 7 条第 2 款规定，凡使用密码进行的交易均视为甲方本人所为。《长城国际卡“网上信用卡服务”用户协议》第 2 条规定，持卡人必须妥善保管网上信用卡服务的个人密码以及用户名称，并对使用该密码

---

〔1〕 单笔支付金额和每日累计支付金额限制有助于减少客户损失。2005 年《电子支付指引（第一号）》第 25 条第 2 款规定，银行通过互联网为个人客户办理电子支付业务，除采用数字证书、电子签名等安全认证方式外，单笔金额不应超过 1000 元人民币，每日累计金额不应超过 5000 元人民币。

以及用户名称所进行的所有活动负全部责任。[1]根据以上规定，不论持卡人是否有过错均须承担责任，这种责任建立在“无过错责任”之上。在互联网上使用银行卡存在很大的安全风险，而以上规定将安全风险全部转嫁给持卡人。持卡人唯一可采取的补救措施是及时通知中国银行以避免损失扩大。

中国银行在信用卡领用合约中还规定，持卡人有保管义务、通知义务、对账单审查义务、签名义务等。一旦违反这些义务即认定持卡人存在“过错”，并承担由此产生的“过错责任”。例如，《信用卡领用合约》（2015 年版）第 9 条第 1 款规定，甲方应该妥善保管用于 ATM 机、电话银行、商户消费、网上银行以及其他有关服务的个人密码。第 10 条规定，甲方必须妥善保管信用卡、电子银行动态口令认证工具等账户存取工具和安全认证工具，交易凭证，以及信用卡卡号、有效期、验证码等卡片信息，个人身份信息，以及有关密码等验证信息。

《信用卡领用合约》（2015 年版）第 30 条规定，如果甲方使用短信服务，乙方会对甲方申请表中指定的手机号码发出“短信提示服务”，如果甲方没有进行该笔交易，应该立即联系乙方，否则甲方应该承担因此引致的风险和损失。第 23 条规定，甲方如果对交易有异议，必须在账单日起 30 天内向乙方查对，否则视为对账单准确无误，甲方认可全部交易。而第 3 条还规定，甲方在获准申领并收到信用卡后，应该立即在卡背面

---

〔1〕 根据网上信息，该用户协议可能为中银信用卡（国际）有限公司于 2006 年制定，参见 https：//iservice. boccc. com. hk/iserv/changelocale. do，2015 年 12 月 10 日访问。

的签名栏内，按照甲方在申请表上留存的签名式样签名，并在使用信用卡时使用相同的签名。

《支付宝服务协议》第 4 条第 3 款第 1 项规定，用户应该对支付宝登录名、密码、校验码、身份识别信息等进行妥善保管，对于因上述信息等泄露所致的损失由用户自行承担。该项规定确认客户有保管义务，并承担“过错责任”。如果客户对上述信息泄露并不存在过错，根据上述条款，客户仍需承担责任，这意味着此时为“无过错责任”。同条款第 3 项规定，如用户发现有他人冒用或者盗用其支付宝登录名以及密码或任何其他未经合法授权之情形，或者发生与用户的支付宝账户关联的手机或其他设备遗失或者其他可能危及其支付宝账户内财产权益安全情形时，用户应该立即以有效方式通知本公司，向本公司申请暂停相关支付宝服务，并强调，用户理解本公司对其请求采取行动需要合理期限，在此之前，本公司对已执行的指令及（或）所导致的用户损失不承担任何责任。[1]该项规定确认客户有通知义务，在服务暂停之前，客户也要承担“无过错责任”。而且，申请不一定立即生效，要根据个案来确定采取行动所需合理期限。此时，支付宝具有自由裁量权。如果出现争议，需要法院裁判。但是，在小额支付都可做到实时转账的时代，该规定并不合理。

英国《银行业守则》（2005 年）第 12 条第 12 款规定，除

[1] https://help.alipay.com/lab/help_detail.htm?help_id=211403，2015 年 12 月 10 日访问。

非银行证明持卡人有欺诈行为或者“未能尽到合理注意”[1]，在持卡人通知银行卡遗失或者被盗或他人获悉密码之前，持卡人对于卡被他人使用最多支付50英镑。如果他人未获授权而用卡，但是卡并未遗失或者被盗或持卡人无需亲临现场，持卡人无需支付分文。收到卡之前被使用，持卡人也无需支付分文。根据以上规定，英国持卡人对于卡未获授权使用需要承担“无过错责任”，但享有“责任限制”。远程用卡无需承担任何责任，即“无责任”。

依据《美国法典》第15篇第1643节，持卡人只有在以下条件被满足时才对未获授权使用信用卡负责：①信用卡已经被接受；②责任不超过50美元；③发卡人就潜在责任向持卡人作出过充分说明；④发卡人向持卡人说明了在卡片丢失或者被盗窃时的通知方法；⑤因卡片丢失或者被盗或其他原因导致的未获授权的使用或者可能使用发生在持卡人通知发卡人之前；⑥发卡人提供了一种方法，据此卡片使用者可以确认其就是已经获得授权使用该卡之人。如果持卡人声称一项收费未获授权，发卡人有责任证明以上每项条件均已满足。[2]由此可见，

---

[1] 未尽合理注意指持卡人未能遵守以下建议：不将支票簿和卡放在一起；不允许任何人使用卡，不将密码、口令或者其他安全信息告诉任何人；如果更改密码，应该谨慎选择新密码；记住密码、口令或者其他安全信息，而一旦收到含上述信息的通知即刻销毁；决不将密码、口令或者其他安全信息写在纸上或记录下来；时刻采取合理步骤确保卡安全，确保密码、口令或者其他安全信息不泄露；决不将账户细节或者其他安全信息告诉任何人，除非持卡人知道他们是谁以及为什么需要这些信息；确保卡收据和含个人资料的账户其他信息（如对账单）安全并谨慎处理；存储或者处理账户信息时务必小心；或者未能遵守账户条款和条件。

[2] https://www.gpo.gov/fdsys/pkg/USCODE-2014-title15/html/USCODE-2014-title15-chap41.htm，2015年12月11日访问。

美国持卡人对于信用卡未获授权使用虽然需要承担“无过错责任”，但享有“责任限制”。而且，一旦发生争议，举证责任由发卡机构而不是持卡人承担。

《美国法典》第 15 编第 1693g 节和《美国联邦法规汇编》第 12 编第 205.6 节[1]规定，消费者对借记卡未获授权使用的责任限制应该分为三种情形且分段计算：①如果消费者在获悉借记卡遗失或者被盗之日起 2 个营业日内通知金融机构，责任限额为 50 美元；②如果消费者在获悉借记卡遗失或者被盗之日起 2 个营业日内未通知金融机构，责任限额为 500 美元；③如果消费者在发卡机构将定期对账单传送之日起 60 天内未报告未获授权的电子资金划拨，则无责任限制。根据以上规定，消费者对借记卡未获授权使用原则上需要承担“无过错责任”，但享有“责任限制”。不过，在例外情况下不享有“责任限制”。

澳大利亚 2012 年《电子支付守则》第 11 条规定，如果守则签署者能证明损失很可能是因使用人欺诈或者违反第 12 条所规定的口令安全规则[2]所致，则持有人对通知之前的所有实际损失承担责任[3]；如果未获授权交易源于使用人将卡片遗留在自动柜员

[1] http://www.ecfr.gov/cgi-bin/text-idx?SID=af9ab9cf211d4ab375dee63830b2b70e&mc=true&node=se12.2.205_16&rgn=div8，2015 年 12 月 11 日访问。

[2] 使用人不得：①自愿向任何人，包括家庭成员或者朋友泄露一个或以上口令；②如果需要某种设备完成交易时将口令写或者刻在设备上，除非使用人就保护口令安全作过合理努力；③如果不需要某种设备，将完成交易所需的所有口令记载在一个或者以上易于同时遗失或被盗的物品上而未作出合理努力以确保其安全。使用人在保护其所有口令安全时不得极其粗心，不得选择代表其生日的数字口令或者其名字一部分的字母口令。

[3] 如果使用一个或者以上口令，守则签署者证明使用人违反了一个或者以上但不是所有的口令安全规则且能证明损失有 50% 以上可能是违反口令安全规则所致，则持有人需要承担责任。

机里，则持有人需要承担损失；如果守则签署者证明，未获授权交易的产生很可能起因于使用人不合理延迟报告[1]，则持有人需要承担实际损失；其他情况下，持有人最多承担150澳元的责任。该规则以“过错责任”作为基础，如果持卡人存在过错，则不享有“责任限制”。但是，如果持卡人未违反口令安全规则或者未将卡片遗留在自动柜员机里或未有不合理的迟延通知行为，持卡人虽然需要承担“无过错责任”，但享有“责任限制”。

我国香港地区《银行营运守则》（2015年）第36.3条规定，如果持卡人并无作出任何欺诈或者严重疏忽行为，并且在发现卡遗失或者被盗取后，在可能情况下尽快通知发卡机构，责任限额不应该超过500港元。可见，如果持卡人并无严重疏忽行为或者迟延通知，持卡人虽然需要承担“无过错责任”，但享有“责任限制”。第36.4条规定，如果损失是因持卡人的欺诈行为引致的，或者损失是因持卡人的严重疏忽引致的，或者在发现卡遗失或者被盗取后，未能在可能的情况下尽快通知发卡机构，将有可能要承担所有损失。如果因他们未能遵守或者履行上文第32.2条[2]以及第35.1条[3]所载的保障措施或责任

---

〔1〕 决定使用人是否在设备遭滥用、丢失或者被盗，或安全口令被破解时出现不合理延迟报告情况时必须考虑守则签署者就报告或者更换设备或安全口令所收费用的效果。

〔2〕 发卡机构应该忠告持卡人需要采取合理步骤妥善存放卡，并且将个人密码保密以防止欺诈行为。尤其，发卡机构应该忠告持卡人：①应该毁灭印有个人密码的文件；②不应该让任何其他人士使用他们的卡或者个人密码；③绝对不可以在卡上或者任何其他经常与卡放在一起或放在卡附近的对象上，写上个人密码；④不应该直接写下或者记下个人密码，而不加掩藏。

〔3〕 发卡机构应该忠告持卡人，如果发觉遗失或者被盗用卡/个人密码，或者有其他人知道他们的个人密码，持卡人必须在可能情况下尽快通知发卡机构。

而引致任何损失，本条所述的规定也可能适用。上述责任均为“过错责任”，理由为欺诈、严重疏忽或者迟延通知，而且不享有“责任限制”。然而，如果持卡人无过错，则承担“无过错责任”，但享有“责任限制”。此外，我国香港地区与英国、澳大利亚一样在银行卡责任承担问题上未对借记卡和信用卡作出不同规定。

我国台湾地区“信用卡定型化契约范本”（2014 年修正）第 17 条规定，办理挂失手续前持卡人被冒用之自负额不超过新台币 3000 元，但是有下列情形之一免负担自负额：在办理挂失手续时起前 24 小时内被冒用者；冒用者之签名，以肉眼即可辨识与持卡人之签名显不相同或者以善良管理人之注意而可以辨识不相同者。持卡人有本条第 2 项但书[1]以及下列情形之一且发卡机构能证明已经尽善良管理人之注意义务者，不适用前项约定：持卡人得知信用卡遗失或者被窃等情形而怠于立即通知，或者自当期缴款截止日起已经逾 20 日仍然未通知；未于信用卡签名导致他人冒用者；未提出发卡机构所请求之文件、拒绝协助调查或者有其他违反诚信原则之行为者。[2]根据以上规定，如果持卡人不存在过错，持卡人虽然需要承担“无过错责任”，但享有“责任限制”，特别情形下不用承担责任。不过，如果持

〔1〕 但是，有下列情形之一者，持卡人仍然应该负担办理挂失手续后被冒用之损失：①他人之冒用为持卡人容许或者故意将信用卡交其使用者。②持卡人因故意或者重大过失将使用自动化设备办理预借现金或进行其他交易之交易密码或者其他辨识持卡人同一性之方式使他人知悉者。③持卡人与他人或者特约商店为虚伪不实交易或共谋诈欺者。

〔2〕 在自动化设备办理预借现金部分，持卡人办理挂失手续前之冒用损失，由持卡人负担，不适用自负额之约定。

卡人存在过错，则不享有“责任限制”。

（二）我国电子支付服务责任规则之完善路径

总的来说，我国银行卡立法的效力层次不高，对持卡人的保护力度很不够。行政规章仅仅对借记卡丢失或者被盗用有规定，而且也让持卡人承担挂失前的全部风险。《电子支付指引(第一号)》的规定与行政规章大体相同，而且更不合理的规定是，因银行过错而导致持卡人损失，银行只有止损义务、通知义务和协助义务，无赔偿义务。中国银行和支付宝制定的格式合同更是让持卡人或者用户承担挂失或通知前的全部风险，不公平性昭然若揭。究其原因，部门立法难免有部门保护倾向，而格式合同也难免会出现不公平条款。在我国，存折或者印章遗失或被盗，储户要承担挂失前的全部风险。[1]借记卡不能透支，和储蓄相似，要持卡人承担挂失前的风险似乎是理所当然的，很少有人会提出异议。至于像中国银行或者支付宝协议中的不公平条款，持卡人或者用户也只能接受。看来，我国支付领域内的消费者保护立法还有很长一段路要走。

民事责任归责原则主要有过错责任、推定过错责任、无过错责任和公平责任。如果银行卡支付适用过错责任，并且由持卡人举证金融机构有过错，但是由于银行卡支付基本上是小额支付，持卡人无动力起诉金融机构。即使举证责任转移由金融机构承担，如果仍然要持卡人主动起诉，考虑到要缴纳诉讼费、律师费，持卡人个人亦要投入时间和精力，持卡人仍然有可能

---

〔1〕 1992年《储蓄管理条例》（2011年修订）第31条；1993年《中国人民银行关于执行〈储蓄管理条例〉的若干规定》第37条。

无动力提起诉讼。再假设法律规定持卡人胜诉后，可以获得诉讼费、律师费和必要补偿，法院审理案件的成本可能超过诉讼收益。对整个社会而言，这种制度设计仍将无效率。如果法律规定持卡人一旦提出银行卡支付未获授权，金融机构就有义务更正错误，金融机构就必须通过诉讼来主张该项支付已经获得持卡人授权。这种制度设计虽然解决了持卡人提起诉讼动力不足的问题，但同样基于成本效益考虑，金融机构可能不会起诉持卡人，而且还可能产生持卡人的道德风险问题。金融机构很可能通过提高收费的方式将风险转嫁给全体持卡人，或者通过保险将风险转嫁给保险公司。即使金融机构起诉持卡人，诉讼收益与金融机构、持卡人以及法院在这种案件中所耗去的成本相比将是微不足道的。不论金融机构为经济目的，为讨一个说法，还是为其他目的，这种诉讼对于整个社会而言不宜鼓励。

如果银行卡支付适用推定过错责任，首先要解决的问题是推定金融机构还是持卡人存在过错。[1]如果持卡人或者金融机构存在明显过失，推定其存在过错未尝不可。但是，如果持卡人或者金融机构的过错不明显，要证明哪一方存在过错成本巨大。而且，哪一方要证明对方存在过错都不容易甚至不可能。这导致持卡人或者金融机构主张权利的动力不足。更何况在某些情况下，持卡人或者金融机构均不存在过错，例如第三者入

---

〔1〕 有学者建议，对于个人客户有必要确立银行的过错推定原则，即在出现未经授权交易时，若银行方不能证明自己没有过错，那么就必须承担举证不能的法律责任；反之，对非个人客户则应该确立过错归责原则，即在电子银行业务中，无论支付指令由谁发出，只要该指令通过了银行安全程序的认证，银行就可以被视为无过错，不承担损失赔偿责任。参见黎四奇：“析我国电子银行业务中未经授权交易的损失承担”，载《法商研究》2008 年第 2 期。

侵银行卡支付系统。适用推定过错责任无法解决此时产生损失的责任承担问题。即使能解决推定谁存在过错问题，只能起到举证责任转移的效果。推定过错责任亦难以解决持卡人或者金融机构起诉动力问题、当事人过错证明问题、当事人和法院诉讼成本问题以及诉讼成本大于诉讼收益问题。因此，适用过错推定责任对于整个社会而言仍然是无效率的制度设计。

如果对银行卡支付适用公平责任，首先需要有持卡人或者金融机构提起诉讼。然而，由于银行卡支付基本上是小额支付，不论最初损失是由持卡人或者金融机构承担，他们提起诉讼的动力都不足。即使有持卡人或者金融机构起诉，法院需要考虑何谓“公平”。这需要法院作大量事实调查并综合考虑各种因素，由此导致法院诉讼成本巨大。因而即使适用公平责任，也难以解决持卡人或者金融机构主张权利的动力，更难以解决当事人以及法院需要花费较多诉讼成本的问题。这种制度设计对于整个社会而言还是无效率的规则。

如果银行卡支付适用无过错责任，即严格责任，首先要解决的问题是由谁承担严格责任。由金融机构承担严格责任可以强而有力地保护消费者，但如果持卡人不承担任何责任，恐怕会放纵持卡人的疏忽行为。如果由持卡人承担严格责任，无论从法理上，还是从促进经济发展，达到最高经济效率上来说，绝对不合适。我国银行卡持卡人在报失前要承担全部损失，这意味着持卡人承担“严格责任”，但这只是现行行政规章和发卡银行的规定。这些规定体现在发卡银行制订的格式合同中，属于一种格式免责条款。

从其他国家或者地区法律规定来看，银行卡持卡人一般承担“无过错责任”，但同时享有“责任限制”。就信用卡而言，英国、美国、澳大利亚以及我国香港和台湾地区均规定持卡人需要承担无过错责任，但同时享有责任限制。美国不考虑信用卡持卡人是否有过错一律适用享有责任限制的无过错责任。[1]但是，澳大利亚以及我国香港和台湾地区法律规定，如果持卡人存在过错，则不享有责任限制。这意味着持卡人此时需要承担“过错责任”。然而，正如以上所述，银行卡支付适用过错责任会产生种种问题，这是一种无效率的制度设计。因此，我国信用卡支付责任规则不宜借鉴这些国家或者地区的规定，而应在例外情况下适用过错责任。

值得一提的是，英国持卡人在远程使用信用卡时不需要承担任何责任。这亦是欧盟《远程货物销售指令》[2]的要求，此指令说明在所有欧盟国家都是如此。该制度设计富有效率，所有损失由金融机构承担。此时不会产生任何争议，也无需通过诉讼来解决损失分担问题。然而，金融机构肯定会将损失以提高收费的形式转嫁给持卡人，或者以投保的形式转嫁给保险公司。这样，持卡人最终仍然需要承担部分损失。最大问题在于，如果持卡人不承担任何责任，恐怕必然放纵持卡人的疏忽行为，并导致消费者保护过度。远程使用信用卡，特别是通过开放式网络如互联网使用信用卡风险很大，由金融机构承担所有风险

---

〔1〕 有学者认为，让持卡人依法承担一定限额的无过错责任，对整个社会预防银行卡未经授权的使用而言是有效的也是有效率的。参见周颖：“论未经授权使用银行卡的损失分担”，载《河南财经政法大学学报》2013 年第 6 期。

〔2〕 See Directive 97/7/EC on the Protection of Consumers in Respect of Distance Contracts.

意味着其必须为持卡人的粗枝大叶行为“埋单”。因此，我国信用卡支付责任规则不宜借鉴英国以及欧盟的此项规定。

就借记卡而言，英国、澳大利亚和我国香港地区法律规定基本一致。如果持卡人不存在过错，则需要承担“无过错责任”，但享有“责任限制”。然而，如果持卡人存在过错，则不享有责任限制。但是，美国法律规定有所不同。持卡人获悉借记卡遗失或者被盗之日起2个营业日内通知发卡机构享有50美元责任限制，未在此期间通知享有500美元责任限制，但在对账单传送之日起60天内未报告未获授权的电子资金划拨，则无责任限制。〔1〕该规则过于复杂，不宜借鉴。而且，如果持卡人要在对账单传送之日起60天内报告，则必须审查对账单。这意味着持卡人有义务审查对账单。不过，对持卡人课以对账单审查义务并不一定合适，英国、澳大利亚借记卡持卡人无此义务，而英国、美国和澳大利亚信用卡持卡人亦无此义务。〔2〕持卡人审查对账单的真实动机可能不是旨在避免责任，而是为保持账户可用，或者审查是否存在应该由金融机构承担责任的错误。笔者以为，无论从保护消费者权益角度，还是从成本与效益角度，在银行卡法律制度中，不宜确立持卡人负有对账单审查

---

〔1〕 我国香港地区《银行营运守则》（2014年修正）第34.1条规定，发卡机构应该忠告持卡人查阅他们的信用卡账户的结单，并在结单日期起计60日内向发卡机构报告结单内的任何未经授权交易。发卡机构也应该提醒持卡人，发卡机构保留权利，如果持卡人没有在指定期限内报告任何未经授权交易，发卡机构即可视有关的结单为正确的。这说明香港信用卡持有人有义务审查对账单。

〔2〕 我国台湾地区“信用卡定型化契约范本”（2014年修正）第17条规定，责任限制不适用于自当期缴款截止日起已逾20天仍然未通知发卡银行者。因此，我国台湾地区信用卡持有人有审查对账单的义务。

义务。

此处值得探讨的问题是借记卡要不要保留持卡人有过错时无责任限制这个例外。英国、澳大利亚以及我国香港和台湾地区均承认这个例外，但是美国不承认。这个例外实质上适用了我国民法中的过错责任原则，但正如以上所述，银行卡支付适用过错责任原则会带来种种问题。因此，笔者认为银行卡支付中不宜保留这个例外。这一来，借记卡支付责任规则与信用卡支付责任规则都适用享有责任限制的无过错责任，即“限额责任”。这是一种行之有效的制度设计。持卡人需要承担一定责任以促使其保持必要的谨慎。而金融机构需要承担限额以上的责任，亦可以促使其谨慎处理持卡人的支付指令，为其研发更好的技术以防止欺诈提供动力。

英国、澳大利亚和我国香港地区在银行卡法律制度上采用合并立法体制，而且澳大利亚和我国香港地区在具体规则上亦未对借记卡和信用卡作出区分。在美国，银行卡法律制度采用分别立法体制，并且信用卡持卡人享有的责任限制较低，而借记卡持卡人区分不同情况分别享有 50 美元、500 美元责任限制或者无责任限制。

有美国学者就指出：其一，以功能不同为据而区分信用卡和借记卡，理由并不很充分。两者具有类似功能，而分担损失风险亦具有相同目标，即促使各方采取符合成本效益原则的预防措施。其二，在一个信用卡只为具有经济优势地位的人拥有的社会，区分信用卡和借记卡可能产生社会成本和政治成本。其三，由于可以推定信用卡和借记卡持卡人之间在社会地位和经济地位上存在差异，大多数国家的借记卡使用人很可能是不

太老练的持卡人，因此在出现欺诈等情况时更需要获得救济与保护。〔1〕

笔者认为，分别立法体制不利于降低立法成本，导致相关规则不统一，并在持卡人中间产生混乱。更为重要的是，从保护消费者权益角度而言，借记卡一旦发生风险，持卡人蒙受的损失并不见得比信用卡风险小。因而，我国不宜借鉴分别立法体制，亦不宜为借记卡和信用卡制定不同的规则。笔者建议，我国《银行卡条例》，甚至未来银行卡法律继续采用现行行政规章中的合并立法体制，并为借记卡和信用卡制定相同的责任规则。由于信用卡和借记卡直接与持卡人账户相连，对于持卡人来说，风险比较大，设立相对比较低的责任限额比较合适。就中国目前情况而言，笔者认为，银行卡未获授权使用时持卡人承担责任限额在1000元内比较合适。〔2〕

以上仅涉及未获授权使用银行卡时持卡人应该承担的责任，而未涉及发卡银行未或者未及时按照持卡人指令支付时银行应该承担的责任。第一种情况为错误地从持卡人账户中划走资金，而第二种情况涉及持卡人因发卡银行未或者未及时支付所蒙受的损害。第一种情况容易确定损失金额，但是第二种情况要确定持卡人蒙受的直接和间接损害非常不容易，由此产生的证明成本亦很高。在英国、美国、澳大利亚以及我国香港地区法律

〔1〕 Arnold Rosenberg, "Better Than Cash? Consumer Protection and the Global Debit Card Deluge", *Cloumbia Journal of Transnational Law*, 44 (2005), 520.

〔2〕 有学者建议，当银行证明持卡人对于通知日前发生的非授权交易具有过错时，持卡人承担有限责任的损失，该有限责任的上限为1000元人民币。参见彭冰："银行卡非授权交易中的损失分担机制"，载《社会科学》2013年第11期。

规定中，只有美国对借记卡未或者未及时支付规定了发卡银行的责任，而且银行只对已经证实的实际损害负责。尽管金融机构在最初防止损失发生时当然处于最佳位置，但是在避免因最初错误而产生的可能影响深远的间接损害时并未处于最佳位置。因此，最有效率的规则应该让金融机构承担所有损失直到某一限额为止，而让持卡人承担超过该限额的异常损失。这种责任建立在有责任限制的无过错责任之上，不过由发卡银行而不是持卡人享有责任限制。笔者建议，以发卡银行收取的手续费为基准，建立两倍赔偿比较合适。这样既可以促使银行采取必要的审慎措施，又不使支付系统负担过重。为获得该法定损害赔偿额，持卡人必须提出请求并证明存在损害，但是不需要证明损失的具体金额。而要求持卡人承担起诉成本足以阻止没有遭受损失的持卡人获取不当得利。[1]

另外，中国人民银行于2001年发布实施的《网上银行业务管理暂行办法》第14条和第21条要求银行遵守消费者权益保护等方面的法律、法规、规章，要求银行以适当的方式向持卡人说明和公开各种网上银行业务品种的交易规则，要求银行在持卡人申请某一项网上银行业务品种时，向持卡人说明该品种的交易风险及其在具体交易中的权利与义务。该暂行办法要求银行遵守消费者权益保护法律，但是我国尚无任何法律、法规对持卡人在互联网上使用银行卡提供保护。

有学者指出，若第三方欺诈或者假冒付款人名义，只要银

---

〔1〕 至于未及时支付的问题，法律可以规定发卡银行应该在“合理时间”内支付。否则，可以认定为未支付并适用两倍手续费的赔偿标准。

行能证明其在安全程序上是合理可靠的，名义付款人需要对无权支付命令承担责任。[1]尽管有学者认为，在价值取向上，有关法制应该注意对消费者，尤其是个人消费者的保护，但又认为法律分配风险时应该向银行作倾向性的保护。[2]这些学者对消费者保护问题并未给予足够的注意。

如何平衡银行与持卡人的利益是一个需要仔细考虑的问题。网上支付的最大风险是安全风险。尽管有了安全电子协议与安全套接层协议，但是谁也无法保证黑客或者罪犯不能从网上截获有关支付信息。有的计算机专家就指出，没有完美的计算机安全，安全不是一个目标而是一个追求过程。[3]持卡人的力量是渺小的，机构的力量是强大的。让持卡人承担全部风险反而会使电子商务以及网上支付举步维艰，安全技术得不到迅速发展，而相关保险业务亦无法发展起来。因为，如果持卡人认为网上支付是不安全的，或者会给自己带来无法预料的损失，就不会或者少从事网上交易或网上支付。因此，明智的做法是让银行以及商家承担因未获授权交易而产生的大部分甚至全部风险。

（三）完善我国电子支付服务责任规则之具体建议

从长期目标来看，我国银行卡和电子支付服务责任规则应

---

〔1〕 参见蒋志培主编：《网络与电子商务法》，法律出版社 2001 年版，第 419 ~ 420 页。

〔2〕 参见王心艳、李金泽："完善我国网上银行业务有关法制的思考"，载《法学》2001 年第 4 期。

〔3〕 See Randy Gainer, "A Cyberspace Perspective: Allocating the Risk of Loss for Bankcard Fraud on the Internet", *John Marshall Journal of Computer & Information Law*, 15 (1996), 44.

该建立在有责任限制的无过错责任之上。未获授权使用时持卡人或者用户承担的责任应限制在1000元以内，发卡银行或者支付机构未或未及时支付时承担的责任应该限制在两倍手续费以内。[1]

从中期目标来看，我国银行卡责任规则应该兼采无过错责任和过错责任。无过错责任应该设立限制，而责任限制与长期目标中的责任限制一致。如果持卡人存在过错，则不享有责任限制，但应该由银行举证证明持卡人有过错。除举证责任由发卡银行承担外，关键在于确认哪些情况下持卡人有过错。银行卡遗失或者被盗或密码泄露不见得就能认定持卡人存在过错，因为任何持卡人无法保证银行卡或者密码绝对安全。英国、澳大利亚和我国香港地区主要将因持卡人不慎而导致密码泄露认定其存在过错，但是我国台湾地区的规定有所不同。[2]笔者建议，发生下列情况可以认定持卡人或者用户存在过错：①因行为不慎而导致密码泄露者；②未在信用卡上签名导致第三者冒用者；③出租、转让、转借银行卡者；④银行卡遗失或者被盗后怠于通知者；⑤办理挂失手续后，未提出发卡银行请求的文件、拒绝协助调查或者有其他违反诚信原则者。此外，还可以确认持卡人有义务审查对账单并报告未获授权交易，并规定对账单传送之日起60天内仍然未报告者，发卡银行有权认为账单

---

〔1〕 美国消费者使用银行卡享有责任限制，而借记卡发卡银行未按时支付时必须对已经证实的实际损害负责，这说明美国基本上采用此做法。

〔2〕 我国台湾地区“信用卡定型化契约范本”（2014年修正）第17条第3项规定，持卡人得知信用卡遗失或者被窃等情形而怠于立即通知，或者自当期缴款截止日起已逾20日仍然未通知；未于信用卡签名导致他人冒用者；未提出发卡机构所请求之文件、拒绝协助调查或者有其他违反诚信原则之行为者。

正确无误。[1]

从近期目标来看，由法院运用《合同法》和《消费者权益保护法》来解释银行卡章程、使用规定以及领用合约中的格式条款，对部分条款作限制解释，并宣布部分条款无效。[2]例如，一些银行规定，对于电话挂失只协助防范，不承担任何责任。其实，电话挂失与书面挂失在本质上都是当事人要求挂失的明确意思表示。因此，只要银行接到挂失请求，就负有立即止付，确保持卡人财产安全的义务。中国银行规定，违反章程以及个人卡使用规定而产生的一切后果均由持卡人负责。中国银行要求持卡人承担一切责任显然是不公平的，因为中国银行可能也存在过错，如未履行信息披露义务或者告知义务。中国银行还强调，任何情况下都不会对未能传输或者删除资料、未能传送或者储存信息承担任何责任。这明显属于中国银行制定的免除其责任的“霸王条款”。以上规定因违反《合同法》和《消费者权益保护法》，法院应该宣布这些条款无效。

中国银行声称不承担因不可控制的原因导致系统故障所产生的损失和费用。还有的银行在用卡协议中更明确地规定，对因设备、供电、通讯或者自然灾害等不可抗力因素造成银行卡交易不成功，银行不承担任何经济和法律责任。系统故障能否包括黑客侵袭系统、病毒植入系统所导致的故障以及供电系统、通讯系统

---

〔1〕 也有学者认为，如果银行与持卡人之间约定使用“安全程序”，以持卡人名义签发的支付命令只要通过安全认证，无论支付命令是否授权，银行都无需承担责任。参见丁洁：“网上银行服务协议中免责条款的法律效力分析”，http：//www.chinaeclaw.com/show.php？contentid =2055，2015 年 12 月 12 日访问。

〔2〕 参见钟志勇：《跨国银行总行与海外分行法律关系论》，中国方正出版社 2005 年版，第 161 ~162 页。

故障，能否将以上事件纳入不可抗力？笔者认为，不可以将其归入不可抗力范畴。原因在于：其一，银行开展网上业务时就应该预见有可能会出现黑客、计算机病毒侵袭系统造成系统故障的情况。其二，计算机病毒有发作规律和周期可循，甚至人们已经开发出相应的应急措施和解决方案，所以银行可以避免和克服此种情况。其三，根据2001年《网上银行业务管理暂行办法》第18和第19条的规定，网上银行应该实施有效的措施，并且定期测试网络系统、业务操作系统，防止网上银行业务交易系统被计算机病毒侵袭和黑客侵入。因此，银行有法定义务采取防范措施避免此类情况的发生。而且实践证明，只要建立有效的安全防护系统，并进行定期维护是可以避免黑客及病毒入侵的。

就供电系统中断而言，银行在停电前一般都能从供电公司获得停电信息，对何时停电的情形是可以预见的，所以并不属于不可抗力范畴，而且银行一般都有必备的应急发电设备，即使供电商未事先通知而临时停电，银行也应该能保证交易的顺利进行。所以，如果银行未能及时起用应急发电设备而导致持卡人财产损失，银行应该承担相应责任。至于通讯故障问题，根据合同的相对性原则，债务人（银行）应该先向债权人（持卡人）负责，然后才能向第三者（网络服务商）求偿，而不得以第三者造成损害，自己无过错而要求免责。再者从网上银行业务自身固有特点来看，其交易的每一个环节都涉及服务器、软件以及互联网等先进技术，如果要求持卡人证明网络服务商存在过错，这是十分困难甚至是不可能的。从保护消费者权益角度来看，应该先由银行承担责任。

就我国网上银行实践来看，多数商业银行都将电子讯息错误作为免责事由之一，要求持卡人对自己发出的任何交易指令承担责任。而国外一般规定错误的支付命令所造成的损失由发送人承担，但是也有例外，即如果发送人与接收银行约定使用检测错误复本、支付命令中的错误或者不一致的程序，而且接收银行使用该程序查出或者本应该查出错误复本、错误或不一致，那么发送人不对错误的电子讯息负责，此点值得我国借鉴。〔1〕有的服务协议约定，如果接收到的指令不明、存在乱码、不完整或者缺乏必要的信息，银行没有正确执行时可以不承担任何责任。笔者认为这有违公平原则，原因在于：其一，服务协议约定持卡人在发现错误后有义务通知银行，而银行却无相应通知义务，这显然造成银行与持卡人权利义务不平等。其二，根据1999年《合同法》第60条，当事人应该遵循诚信原则，根据合同性质、目的以及交易习惯履行通知、协助、保密等义务。所以，银行在接收到瑕疵电子讯息时应该负有通知义务。笔者认为，法院在解释网上支付合同时应该要求银行履行通知义务，否则因此导致持卡人遭受损失时，银行应该承担相应的赔偿责任。〔2〕

三、电子支付服务中的信息披露制度

1999年《银行卡业务管理办法》第52条规定，发卡银行应该向申请人提供有关银行卡的使用说明资料，包括章程、使用说明以及收费标准。而第15条规定，发卡银行各类银行卡章程

---

〔1〕 丁洁："网上银行服务协议中免责条款的法律效力分析"，http：//www.chinaeclaw.com/show.php? contentid=2055，2015年12月12日访问。

〔2〕 有关银行卡风险责任的归属，还可以参见张德芬：《小额电子资金划拨法研究》，郑州大学出版社2006年版，第94～122页。

应该载明下列事项：卡的名称、种类、功能、用途；卡的发行对象、申领条件、申领手续；卡的使用范围以及使用方法；卡的账户适用利率，面向持卡人的收费项目以及标准[1]；发卡银行、持卡人以及其他有关当事人的权利、义务等。第52条要求发卡银行按月向持卡人提供对账单，但下列情况例外：①已经向持卡人提供存折或者其他交易记录；②自上一份月对账单后，没有进行任何交易，账户没有任何未偿还余额；③已经与持卡人另行商定。第52条还规定，发卡银行向持卡人提供的银行卡对账单应该列出以下内容：交易金额、账户余额；交易金额记入有关账户或者自有关账户扣除的日期；交易日期与类别；交易记录号码；作为支付对象的商户名称或者代号；查询或者报告不符账务的地址或电话号码。此外，第52条还要求发卡银行在章程或者使用说明中向持卡人说明密码的重要性以及丢失的责任。由此可见，行政规章要求发卡银行履行的信息披露义务主要涉及初始披露和持续性披露，并对初始披露中的章程条款以及持续性披露中的对账单内容作出了规定。[2]

《长城国际信用卡领用合约》（2015年版）第27条规定，中

---

〔1〕 在我国，有关银行卡的部分收费项目以及标准已由行政规章规定，而银行卡章程一般也将此纳入。参见1999年《银行卡业务管理办法》第18～27条以及银行卡章程和领用合约中的相关规定。

〔2〕 2005年《电子支付指引（第一号）》第8条规定，办理电子支付业务的银行应该公开披露以下信息：①银行名称、营业地址以及联系方式；②客户办理电子支付业务的条件；③所提供的电子支付业务品种、操作程序和收费标准等；④电子支付交易品种可能存在的全部风险，包括该品种的操作风险、未采取的安全措施、无法采取安全措施的安全漏洞等；⑤客户使用电子支付交易品种可能产生的风险；⑥提醒客户妥善保管、使用或者授权他人使用电子支付交易存取工具（如卡、密码、密钥、电子签名制作数据等）的警示性信息；⑦争议以及差错处理方式。

国银行有权根据法律法规和监管规定以及业务发展实际对本合约及章程、使用指南、收费项目、收费标准、利率、产品服务等进行修改、变化和调整，并将这些内容提前公告通知。本条明确，中国银行在一系列事项上拥有修改权并以公告形式通知。《长城国际信用卡章程》（2015 年版）第 29 条规定，发卡银行如果变更本章程或者国际卡产品服务，将提前 45 天通知持卡人。而《长城国际卡“网上信用卡服务”用户协议》[1]第 7 条规定，中国银行有权附加、修订以及更改本用户协议，并将提前 30 天通过电子邮件通知持卡人，或者在网上信用卡服务网址上公布。根据以上规定，中国银行变更章程或者用户协议或产品服务时只需要提前公示或者以电子邮件形式通知。至于至关重要的信用合约、收费项目与标准、利率等事项，则未明确提前多少天通知。

相比之下，英国规定了比较详细的信息披露规则。《银行业守则》（2005 年版）第 2 条规定，守则签署者保证广告以及促销材料含义清晰且不会产生误导，在选择账户或者服务时清晰解释其运作、条款以及利率，通过发送定期账单（如果适用）帮助客户使用其账户或者服务，并在利率、费用或者条款发生变化时及时通知。第 4 条规定，如果利率发生变化，守则签署者将在 3 个工作日内更新热线电话和网站信息。第 5 条规定，在收费增加或者引入新的收费项目时，至少提前 30 日个别通知，而扣除利息或者收费前，至少提前 14 日通知。第 6 条规定，如果合同条款的修正对客户不利，至少提前 30 日个别通

〔1〕 https：//iservice. boccc. com. hk/iserv/changelocale. do，2015 年 12 月 13 日访问。

知。从通知之日起 60 天内，客户无需通知就可以转换或者关闭账户，而且不必付出额外的利息或者费用。至于合同条款的其他内容的修改，金融机构可以立即作出并在 30 天内通知。此外，第 9 条规定，守则签署者通常每月、每 3 个月、在任何情况下至少每年提供一次对账单；如果客户账户拥有一张卡片且有使用，则至少每 3 个月提供一次。

美国对银行卡信息披露规则规定得更为详尽。依据《美国法典》第 15 篇第 1637 节的相关规定，将信用卡披露规则分为初始披露、定期披露和持续性披露等，并对信息披露内容以及形式作出了规范。初始披露主要涉及合同条款、年利率、年费或者其他费用的披露，而定期披露主要涉及定期对账单及其内容的披露。持续性披露涉及账单错误处理程序的披露，并且至少每一日历年披露一次，而需要披露的合同条款有变化或者最低还款额有增加时，发卡机构应该至少于修正生效前 15 日书面通知持卡人。至于其他情况，在修正生效前通知即可。如果信用卡续期收取年费，应该邮寄或者传送书面续期通知，并允许持卡人自通知之日起 30 天内终止合同而无需缴纳任何费用。此外，如果发卡机构准备更换承保信用卡账户的保险人，至少应该提前 30 日书面通知。

根据《美国联邦法规汇编》第 12 编第 205. 7 节，借记卡信息披露规则分为初始披露、实时披露、定期披露、条款修正时的披露，并规定了民事责任。初始披露主要规定披露事项，而美国联邦储备委员会还制定了初始披露的示范条款。实时披露指金融机构在持卡人发动电子资金划拨时应该提供电子终端收据并包含相关信息。定期披露主要规定对账单事项，并要求金融机构对有资金划入或者划出的账户应该每月提供一次对账单。条款修正时的披露要求金融机构在作出对持卡人不利的修正，包括承担的费用增加或者责任增加、可以利用的电子资金划拨类型减少以及划拨频率或者金额受到更多限制时，至少在修正条款生效前 21 日通知持卡人。至于其他情况，不需要提前通知。除未获授权和错误外，未遵守该法有关消费者规定的任何金融机构应该承担由此给消费者带来的损失，赔偿金额最低为 100 美元，最高为 1000 美元。此外，胜诉方还可以获得诉讼费及由法院确定的合理律师费的支出补偿。[1]

澳大利亚对电子支付信息披露规定得亦比较详尽。《电子支付守则》（2012 年版）将信息披露分为初始披露、实时披露、定期披露和条款修正时的披露。第 4. 5 条规定初始披露，涉及披露事项并要求发卡银行向持卡人提供电子支付服务条款。第 5 条规定实时披露，要求发卡银行必须确保向持卡人提供收据并包含相关内容。第 7 条规定定期披露，主要涉及对账单事项，并要求发卡银行对有资金划出或者划入的账户应该至少每 6 个月提供一次对账单。[2]第 4. 11 条规定，如果发卡银行拟修改下列条款：①就发行或者更换某种设备或口令收费或者增加费用；②针对完成交易收费或者增加费用；③增加持卡人在交易中承

---

〔1〕《美国法典》第 15 编第 1693m 节规定：金融机构不对善意的错误负责；也不对善意地遵守美国联邦储备委员会制定的规则、条例以及解释的任何作为或者不作为负责；不对善意地遵守经美国联邦储备委员会正式授权的官员或者雇员按程序所作解释或批准的任何作为或者不作为负责；也不对因使用美国联邦储备委员会颁布的示范条款而未能以适当形式进行披露承担责任。

〔2〕如果某一存款账户可以手动更新，或者账户余额和账户活动可以通过电子手段获知且无需付费，则可以不受 6 个月提供一次对账单的限制。

担损失的义务；④针对交易、设施或者电子设备施加、取消或调整日常性限额，发卡银行应该至少在变更生效前 20 日向持卡人发送书面通知。至于其他情况，变更生效前通知即可。此外，就低价值设施减免了相关要求。

我国香港地区和我国台湾地区对银行卡信息披露规定得比较简略。我国香港地区《银行营运守则》（2015 年版）第 26.5 条要求发卡银行提供一份章则以及条款，并备有有关使用银行卡的一般说明资料，而这些资料应该包括 13 项内容。第 27.8 条和第 29.3 条规定，章则以及条款如有任何重大更改或者调高实际年利率，发卡机构应该在有关修订生效前给予持卡人最少 60 天事先通知。第 33 条规定，发卡银行应该向持卡人提供载有相关资料的交易记录，并且按月提供对账单，除非：①已经提供存折或者其他交易记录；②自上一份对账单后，没有任何交易，账户亦没有任何未偿还余额；③已与持卡人另行商定。

我国台湾地区“信用卡定型化契约范本”（2014 年版）第 12 条要求提供账单，而第 21 条规定，下列事项如有变更，应该于变更前 60 日以书面或者事先与持卡人约定之电子文件通知持卡人：①增加持卡人之可能负担；②提高循环信用利率；③循环信用利率采浮动式者，变更所选择之指标利率；④变更循环信用利息计算方式；⑤信用卡使用方式以及遗失、被窃或者灭失时之处理方式；⑥持卡人对他人无权使用其信用卡后所发生之权利义务关系；⑦有关信用卡交易账款疑义之处理程序与涉及持卡人权利义务之信用卡国际组织相关重要规范；⑧提供持卡人之各项权益、优惠或者服务之期间以及适用条件。

通过比较，我们发现我国银行卡信息披露制度不太完善，主要有三个问题。

第一，未涉及实时披露规则。借鉴美国和澳大利亚法律规定，我国法律亦应该要求发卡银行提供纸质或者电子收据，并规定收据应该包含的具体事项。

第二，条款修正时的披露规则不明。《长城国际信用卡领用合约》（2015 年版）第 27 条规定列举了许多事项的变更需要提前公告通知，但是未规定提前多少天，更未规定持卡人的选择权。首先，按照 1999 年《合同法》的有关规定，合同订立后，非经当事人协商一致，任何一方无权擅自变更合同。其次，2013 年修订的《消费者权益保护法》规定，持卡人作为消费者，有权利知道所接受服务的真实内容。最后，银行卡格式条款的修改除因国家有关法律法规或者金融管理规章有新的强制性规定之外，其他新章程若持卡人不接受，银行无权强迫其接受。根据上述国家或者地区的做法，我国法律应该要求发卡银行在持卡人承担的费用或者责任增加时至少提前 30 天通知，并允许持卡人在通知之日起 60 天内转换或者关闭账户，而且不必付出额外的利息或者费用。至于其他情况，修正生效时通知即可。

第三，未建立信息披露民事责任。在民事诉讼中，要解决的问题有赔偿额、诉讼形式以及诉讼动力等问题。借鉴美国做法，违反信息披露制度的金融机构对持卡人个人赔偿额确定在 100 ~ 1000 元比较合适。在诉讼形式问题上，应该鼓励采用人数不确定的代表人诉讼制度。法律还可以规定胜诉方可获得诉讼费和合理律师费以部分解决起诉动力不足的问题。不过，就目前情况而言，在我国建立银行卡信息披露民事责任难度很大。

四、电子支付服务中的错误处理程序

1999年《银行卡业务管理办法》第52条第2项规定，发卡银行对持卡人关于账务情况的查询和改正要求应该在30天内给予答复。中国银行《长城国际信用卡领用合约》（2015年版）第21条规定，客户如果对交易有异议，必须在账单日起30天内向中国银行查对，否则视为对账单准确无误，有权请求调阅签购单但无权拒付已经提出异议的交易款。可见，《银行卡业务管理办法》和中国银行对银行卡错误处理程序规定得非常简单且不利于持卡人。

英国《银行业守则》（2005年版）第15条规定，接到申诉之日起5天内，银行将向持卡人发出书面确认函。4周内，银行将最终处理结果通知持卡人，或者对需要延长处理时间作出解释。8周内，银行将最终处理结果或者其他方案[1]告知持卡人。可见，英国对银行卡错误处理程序亦规定得比较简单，但美国和澳大利亚规定得非常详细。

《美国联邦法规汇编》第12编第226.13节[2]首先界定了信用卡账单错误：①对账单载明的交易项目非消费者或者拥有消费者明示授权、默示授权或表见代理权的人所为；②对账单上载明的项目未确认交易者身份；③对账单上载明的货物或者服务未被消费者及其指定人接受，或者未发送给他们；④发卡

---

〔1〕 在英国，如果客户对银行内部程序结果不满，某些争议还可以提交金融申诉专员处理。

〔2〕 http：//www.ecfr.gov/cgi-bin/text-idx？c=ecfr&sid=635f26c4af3e2fe4327fd25ef4cb5638&tpl=/ecfrbrowse/Title12/12cfr226_main_02.tpl，2015年12月14日访问。

机构未能在对账单上正确贷记一笔支付款；⑤对账单上有因发卡机构统计失误而出现的错误等。然后，《美国联邦储备委员会Z条例》对错误处理提出了明确的时间要求，发卡机构应该在收到账单错误通知之日起30天内通知，除非在此期间内错误已获解决；并应该在两个账务周期，最长不超过90日内解决此问题。[1]最后，如果发卡机构认定确实发生了错误，应该更正错误。如果未发生错误，应该向消费者邮寄或者传送解释函，而如果消费者提出要求，应该提供书面证据复本。

《美国法典》第1693f节规定，错误是指：①未获授权的电子资金划拨；②对或者从消费者账户不正确地划入或划出资金；③定期对账单漏载电子资金划拨；④金融机构在电子资金划拨时出现计算或者簿记错误；⑤消费者从电子终端获取的金额不对等。金融机构对借记卡错误必须在10个营业日内完成调查，3个营业日内报告结果；如果不能完成，可以在45个营业日内完成，但必须在收到通知之日起10个营业日内重新贷记消费者账户并在2个营业日内通知消费者；调查完成后3个营业日内报告，如果确有错误，应该在错误认定后1个营业日内更正。[2]此外，如果金融机构未作善意调查或者在认定未发生错误时无合理根据，或者明知调查所获取的证据不能合理地得出结论，而故意地作出错误不存在的结论，消费者有权获得3倍赔偿。

---

〔1〕发卡机构不得因消费者未支付争议金额而直接或者间接向任何人就消费者信用状况作出或威胁作出不利报告，或者将争议金额或争议账户报告为拖欠金额或者拖欠账户。

〔2〕如果消费者第一次将资金存入账户后30日内发生错误，金融机构可以在20个营业日内完成调查。如果涉及州外划拨、销售点划拨，在账户第一次存入资金后30日内发生划拨，金融机构可以在90日内完成调查。

澳大利亚《电子支付守则》（2012 年版）第 37 条规定，签署者争议解决内部程序应该符合证券及投资事务监察委员会第 165 号监管指南和标准协议或者国际标准化组织 10002-2006 号标准。第 38 条规定，守则签署者应该受理 6 年内提起的申诉；如果投诉未获授权交易，则需要作出合理努力以获得相关信息；在接到投诉后 21 日内，签署者应该完成调查或者告知其需要更多时间并以书面通知客户；除非有非常特殊情况，否则签署者应该在接到投诉后 45 日内完成调查[1]；如果签署者及其雇员或者代理人未遵从该守则导致投诉结果对客户不利或争议解决迟延，则签署者或者争议解决外部程序可以要求其将争议金额之一部分或全部作为赔偿金，即使签署者无需对此负责也应该赔偿。

相比之下，我国银行卡错误处理程序主要不足有：其一，未对错误进行法律界定。借鉴美国立法，我国应该将以下情形认定为错误：①未获授权电子资金划拨；②对或者从持卡人账户进行了不正确的电子资金划入或划出；③定期对账单漏载电子资金划拨；④金融机构在电子资金划拨时出现了计算错误或者簿记错误；⑤持卡人从电子终端获取的金额不对等。其二，错误处理程序太简单，仅规定了一个时间限制。美国借记卡错误处理程序过于复杂，而英国和澳大利亚银行卡以及美国信用卡错误处理程序比较合适。我国银行卡错误处理宜规定为：发卡机构应该在接到投诉之日起 30 天内完成调查，最长不得超过

---

〔1〕如果投诉在 5 个营业日内获得了解决且客户满意，不要求守则签署者以书面方式通知客户，除非后者要求书面答复。

90 天；如果借记卡错误在 30 天内未完成调查，应该重新贷记持卡人账户；而持卡人在信用卡错误未解决的期间有权不支付发卡银行垫款以及相关费用。其三，对未作善意调查或者在认定未发生错误时无合理根据或故意认定错误不存在的情况未规定民事责任。笔者认为，此时亦可借鉴美国立法，规定持卡人可以索取 3 倍赔偿。银行卡支付中小额支付居多，提起诉讼的动力不足，所以 3 倍赔偿可以部分解决起诉动力问题。而笔者认为，3 倍赔偿更主要的目标在于威慑发卡银行，以促使其认真负责地进行调查。

第六章

电子支付服务中的电子货币监管问题

2010年，中国人民银行发布《非金融机构支付服务管理办法》；2012年，又发布了《支付机构预付卡业务管理办法》。除此之外，我国尚无法律或者法规对预付卡作出专门规范。我国的“预付卡”相当于国外的“卡基电子货币”。本章拟探讨电子货币界定、发行资格准入、消费者保护、监管等问题，以期对我国未来电子货币立法有所裨益。

一、电子货币界定问题

国际清算银行最早对电子货币作出定义。1996年，国际清算银行在《电子货币之安全》一书中将电子货币分为两类，即储值产品和存取产品[1]，几乎囊括所有电子化支付手段。但是，国际清算银行随后在《发展电子货币对中央银行的影响》中修正了原定义并指出，电子货币产品是指“储值型”或者

〔1〕 See Bank for International Settlements, Security of Electronic Money, 1996.

"预付型"产品，而持有人可以使用的资金或者价值存储在电子设备上。[1]电子货币主要包括两类：一种是卡基电子货币，货币价值被存储在含有计算机芯片的塑料卡中；另一种是以网络或者软件为基础的电子货币，货币价值被存储在计算机或者软件中。国际清算银行于1997年在《电子货币之消费者保护问题、执法问题、监管问题和跨国问题》中进一步指出，电子货币包括多用途预付卡以及在互联网上使用的预付型或者储值型支付机制。[2]国际清算银行于2004年在《电子货币、网络支付和移动支付发展状况之调查报告》中发表了对电子货币的最新定义，即持有人可以拥有存储在电子设备上的资金或者价值并运用于多种场合的一种储值产品或预付型产品。[3]

1998年，欧盟中央银行《电子货币报告》将电子货币定义为一种可以存储货币价值且广泛用于向发行商之外的其他人支付而不必然开设银行账户的预付型电子设备。[4]电子货币与所谓的存取产品不同，后者通常允许顾客使用电话或者计算机以及相应软件进入存款账户，并通过互联网或者其他电讯网络转移存款。[5]电子货币与银行活期存款亦不同，电子货币中的资金只能通过一种特殊的支付工具转移，该工具本身就代表购买

---

〔1〕 See BIS, Implications for Central Banks of the Development of Electronic Money, 1996.

〔2〕 See BIS, Electronic Money: Consumer Protection, Law Enforcement, Supervisory and Cross Border Issues, 1997.

〔3〕 See BIS, Survey of Developments in Electronic Money and Internet and Mobile Payments, 2004.

〔4〕 See European Central Bank, Report on Electronic Money, 1998.

〔5〕 笔者认为，存取产品的典型形式有信用卡、借记卡等，而且这些产品与持卡人的银行账户相连。

力，而活期存款可以通过多种支付工具，如支票、支付令等来转移。

2000 年，欧盟《电子货币指令》将电子货币定义为持有人拥有的一种货币价值请求权，它存储在电子设备上，收取的资金不少于已经发行的货币价值，并被发行商之外的其他企业接受为支付方式。[1]这是世界上关于电子货币的第一个法定定义。

依据 2006 年《〈电子货币指令〉之最终评估报告》[2]，成员国在将电子货币定义转化为国内立法时改动最大的条款是指令中的第二项标准，即“收取的资金不少于已经发行的货币价值”。13 个成员国修改定义和/或重新加入实体性条款以堵塞指令中所谓的漏洞，即收取的资金多于已经发行的货币价值时不再是电子货币。然而，无证据显示，这两者在实践中有什么不同，因为显然没有一个电子货币方案试图利用该漏洞。对定义所作的其他修改主要是为了进行澄清。一个有趣的例子是爱沙尼亚，其立法要求接受支付的第三方必须与顾客有直接的债权债务关系。部分成员国对电子钱包实施最大金额限制，在限制金额较低并且执法严格时，很可能对市场发展产生影响。上述国家中至少有一家公司正在考虑到其他地方申请电子货币机构执照，原因之一是金额限制太严厉。此外，发行电子货币不构

---

[1] See Directive 2000/46/EC of the European Parliament and of the Council of 18 September 2000 on the Taking up, Pursuit of and Prudential Supervision of the Business of Electronic Money Institutions.

[2] See Commission Staff Working Document on the Review of the E-Money Directive (2000/46/EC), 2006.

成吸收存款这一点取得了广泛共识。

2008 年，欧共体委员会在修订电子货币指令所提交的影响评估中指出，电子货币定义不清晰。“电子货币”定义要求其必须“存储在电子设备上”。因此，该定义被认为技术上只限于一种电子货币形式（特别是卡基电子货币），并不包括市场上在售的各种预付型产品（例如，“以服务器为基础”的电子货币）。现行定义产生以下问题：如果存储价值少于向发行商支付的金额，原则上这类产品不再是电子货币。[1]

2009 年，欧盟新《电子货币指令》获得通过。[2]新指令序言强调，为保证技术中立，有必要采用一个清晰的电子货币定义。该定义应该涵盖支付服务提供商发行预付存储价值以交换资金的所有情形，而预付价值能用于支付目的，因为有第三者接受。电子货币定义应该包括其价值存储在持有人占有的支付设备上的情形，也包括存储在远程服务器上并由持有人通过特别账户进行管理的情形。电子货币定义不应该过分狭窄以避免妨碍技术创新，不仅应该包括现在市场上在售的所有产品，而且还应该包括可能在未来出现的产品。新指令第 2 条规定，电子货币指以电子方式，包括以电磁方式存储货币价值，代表发行商在收受资金后发行的一种请求权，目的用于第 2007/64/EC

---

〔1〕 See Impact Assessment Accompanying the Draft Proposal for a Directive on Electronic Money Institutions 2008.

〔2〕 See Directive 2009/110/EC on Electronic Money Institutions and Repealing Directive 2000/46/EC.

号指令[1]第4条第5点所界定的支付交易[2]，并为电子货币发行商之外的自然人或者法人所接受。[3]

英国2011年《电子货币条例》采用欧盟定义，而2013年《电子货币条例适用范围指南》进一步明确，存储在预付卡、个人电脑或者使用磁条技术的塑料卡上的价值，如果用于支付交易，均构成电子货币。[4]新定义不再要求电子货币存储在“电子设备”上，这清楚地表明存储在计算机硬盘的价值或者以账户为基础的支付方案属于电子货币。同时能用作借记卡、信用卡或者移动电话卡的塑料卡片并不会使其不再是电子货币，能在发行人处或者第三者处使用的也不会。[5]金融行为监管局在决定某一方案是否为电子货币时通常会考虑：价值持有者面临的风险；预付价值持有者、发行者以及第三者的权利与义务性质；允许价值持有者做什么。因此，方案掩盖或者试图掩盖其作为提供另一类服务的支付手段的某些虚假特征不会妨碍其被认定为电子货币。

新《电子货币指令》序言第13段规定，电子货币不构成信

---

[1] See Directive 2007/64/EC on Payment Services and Repealing Directive 97/5/EC.

[2] “Payment transaction” means an act, initiated by the payer or by the payee, of placing, transferring or withdrawing funds, irrespective of any underlying obligations between the payer and the payee.

[3] “Electronic money” means electronically, including magnetically, stored monetary value as represented by a claim on the issuer which is issued on receipt of funds for the purpose of making payment transactions as defined in point 5 of Article 4 of Directive 2007/64/EC, and which is accepted by a natural or legal person other than the electronic money issuer.

[4] See Guidance on the Scope of the Electronic Money Regulations 2011, 2013.

[5] 如果电子旅行支票能从第三者处购买到货物或者服务，则同时为电子货币；如果只能在国外自动柜员机上提取外币现钞，则不是。

用机构业务指令[1]之下的吸收存款活动，原因在于其是硬币和钞票的电子替代物且通常用于支付有限金额而不是作为储蓄手段。2013 年《电子货币条例适用范围指南》则进一步指出，区分电子货币和存款的相关因素包括：如果货币价值存储在账户中且可以使用非电子手段进入，则为存款，例如能用支票提款的账户不可能成为电子货币；如果产品被设计成只可能用于支付有限金额且不作为储蓄手段，则为电子货币，相关因素还包括价值留在账户中的时间，是否不鼓励将价值留在账户里以及是否支付利息。换言之，存款涉及创造债权债务关系并且接受存款的人最终需要偿还，而电子货币涉及支付手段之购买。[2]

2011 年《电子货币条例》将两种情形排除在电子货币之外。第一种情形是指货币价值存储在支付工具上且只能在电子货币发行商住所处购买货物或者服务，或根据商业协议只能在有限服务提供商处使用或者购买有限商品或服务。[3]第二种情形是指货币价值用于支付交易时通过任何电信、数字或者信息技术手段进行，而且货物或者服务只能在此类工具上使用以及此类运营商在支付服务使用者和货物或服务提供商之间并不仅仅充当中介。[4]2013 年《电子货币条例适用范围指南》则进一步明确，联名预付卡可能构成电子货币，除非其属于第一种豁

---

〔1〕 See Directive 2006/48/EC of the European Parliament and of the Council of 14 June 2006 relating to the Taking up and Pursuit of the Business of Credit Institutions.

〔2〕 See Q15 of Guidance on the Scope of the Electronic Money Regulations 2011, 2013.

〔3〕 See Q40 & Q41 of Guidance on the Scope of the Payment Services Regulations 2009, 2013.

〔4〕 See Regulation 2 (1) and Regulation 3 of The Electronic Money Regulations 2011.

免情形。第二种豁免情形的要件之一是，货物或者服务必须在电子设备上使用。例如，某人在移动电话上使用预付卡购买车票或者电影票，其购买的是旅行权或者观看电影权，这些权利无法在移动电话上实现，因此未能满足必须在电子设备上使用这一豁免条件。能满足豁免条件的货物和服务有音乐、在线新闻或者录像、电子书籍和移动电话应用程序。

2009 年，美国颁布了《信用卡问责、责任与披露行为法》。[1]该法将“通用预付卡”界定为满足以下条件的任何卡或者其他支付代码或设备：①可以在多个无关联关系的商家或者服务提供者或自动柜员机上使用；②按请求金额发行而不管发行人是否允许在持有者提出要求时增加价值或者充值；③以预付形式购买或者充值；④在提示时由商家提供货物或者服务或在自动柜员机上使用。[2]

我国香港和台湾地区以及大陆仅对电子货币形式之一的储值卡或者电子票证或预付卡进行了界定。香港地区《银行营运守则》（2015 年版）将储值卡（或设备）界定为，可以通过电子装置、磁带或者光纤储存数据的卡或设备，持卡人向发卡机构支付一笔款项，然后发卡机构将等额价值储存在卡内，并承诺在持卡人出示储值卡时，发卡机构或者任何第三方会提供商品或服务。台湾地区 2009 年“电子票证发行管理条例”（2015 年修正）第 3 条将电子票证界定为以电子、磁力或者光学形式储存金钱价值，并含有数据储存或者计算功能之芯片、卡片、

[1] Credit Card Accountability Responsibility and Disclosure Act 2009.

[2] See 15 U. S. C. 1693 l -1.

凭证或其他形式之债据，作为多用途支付使用[1]之工具。

我国1999年《银行卡业务管理办法》第10条规定，储值卡是发卡银行根据持卡人要求将其资金转至卡内储存，交易时直接从卡内扣款的预付钱包式借记卡。由此可见，我国强调储值卡直接从卡内扣款而与持有人银行账户无关，并强调储值卡必须预付。但是，将储值卡作为借记卡的一种并不合适，因为借记卡通常与持卡人银行账户相连。而且，只允许银行发行储值卡过于严厉。加之，银行可以发行借记卡，并无太多必要发行储值卡。也许正因为如此，台湾地区于2015年废除了“银行发行现金储值卡许可及管理办法”。香港地区的情况有所不同，银行可以直接发行储值卡，也可以通过附属机构或者由其控制的联属机构发行。[2]我国2010年《非金融机构支付服务管理办法》第2条将预付卡界定为以营利为目的发行的、在发行机构之外购买商品或者服务的预付价值，包括采取磁条、芯片等技术以卡片、密码等形式发行的预付卡。2012年《支付机构预付卡业务管理办法》第2条将预付卡界定为发卡机构以特定载体和形式发行的、可以在发卡机构之外购买商品或者服务的预付价值。两者均允许作为非银行的支付机构发行预付卡，但只涉及以卡片形式存在的电子货币，未涉及以服务器或者账户为基础的电子

〔1〕 多用途支付使用指电子票证之使用得用于支付特约机构所提供之商品、服务对价、政府部门各种款项以及其他经主管机关核准之款项，但不包括下列情形：①仅用于支付交通运输使用，并经交通目的事业主管机关核准。②以网络或者电子支付平台为中介，接受使用者注册以及开立电子支付账户，并利用电子设备以联机方式传递收付讯息，于使用者间收受储值款项。

〔2〕 香港地区《银行营运守则》（2015年版）第49条。

货币。

概而言之，国际清算银行将货币价值存储在电子设备上、具有多种用途以及储值型或者预付型作为定义电子货币的三个基本要素。欧盟旧指令认为电子货币具有四个要素，即货币价值请求权、存储在电子设备上、收取的资金不少于已经发行的货币价值以及被发行商之外的其他企业接受为支付方式。而新指令所界定的电子货币具有五个要素，即以电子方式存储、收受资金后发行、货币价值请求权、用于支付交易并为发行商之外的第三者所接受。对比新旧定义，我们发现，欧盟新定义增加了“电子方式存储”和“用于支付交易”两个要求，但是删除了“收取的资金不少于已经发行的货币价值”。增加两个要求旨在强调采用电子方式以及货币价值必须用于支付目的。而删除后者旨在消除歧义，因为从字面上看，后者禁止折价发行。而且，如果收到的资金多于已经发行的货币价值，即溢价发行则不构成电子货币，这构成一个明显的法律漏洞。

笔者建议，我国未来立法可以采纳欧盟做法，将电子货币界定为发行商在收受资金后发行的一种货币价值请求权，以电子方式存储，用于支付交易并为第三者所接受。

第一，我国未来立法应该明确采用“五要素”说。某一产品要成为电子货币产品的第一个因素是，货币价值必须以“电子方式”存储。电子设备使用磁条这一事实并不妨碍其成为电子货币。第二个因素是，必须在“收受资金后发行”，这意味着电子货币是一种预付型产品。与提供信贷的信用卡不同，电子货币顾客必须事先付款。第三个因素是，持有人应该对发行商拥有一种“货币价值请求权”。第四个因素是，货币价值必须用于支付交易。第五个因素是，必须存在“发行商之外的第三者”接受电子货币。这意味着持有人能够使用电子货币从第三者处购得货物和服务。

第二，我国未来立法应该明确区分电子货币与存取产品（例如借记卡、信用卡等与银行账户相连的产品）。存取产品是允许持有人通过电子通讯手段获取传统支付服务的产品，其典型代表方式为银行卡。例如，使用标准个人计算机以及计算机网络如互联网进行信用卡支付，或者发送指令以便在银行账户之间划拨资金。这些方案的重大创新之处在于通讯方式，譬如使用计算机网络而不是亲自去银行分支机构办理。

第三，我国未来立法应该区分电子货币与存款。以账户为基础的货币价值可以成为电子货币，但是并非所有以电子方式记入账户的货币价值都会成为电子货币。在区分电子货币和存款时，以下因素非常重要：其一，电子货币是一种纯粹的电子产品。如果存储货币价值的账户可以使用非电子手段进入，则为存款。其二，如果某一产品被设计成只能用于支付有限金额且不作为储蓄方法，这些特征指向的是电子货币。相关特征还包括允许货币价值存留账户的时间、不利因素以及是否支付利息等。其三，如果账户除拥有作为一种支付手段所必需的特征外还具有其他特征，如透支、直接借记，则不可能是电子货币。因此，存款涉及创立债权债务关系，而接受资金的人存储该货币价值以备日后偿还。与此相反，电子货币涉及支付手段的购买。

第四，就目前状况而言，我国不宜将移动支付、公交智能卡纳入电子货币。可能存在争议的是电子代金券，由于我国严格禁止代币券，恐怕难以允许电子代金券的存在。[1]传统电子支付方式如银行之间的大额资金划拨系统、直接转账系统、自动清算所、直接借记系统以及信用卡支付的新方式或者家居银行系统均不属于电子货币。此外，通常使用传统磁条技术的单一用途的预付卡亦不属于电子货币，而是商业预付卡。[2]

二、电子货币发行资格准入问题

要解决电子货币发行资格准入问题，首先必须弄清电子货币与货币、存款之间的关系以及电子货币的法律性质。电子货币显然不是法偿货币，但是否为“货币”？有人反对将电子货币视为货币，第一个理由是，电子货币并无不同的计价标准。第二个理由是，电子货币支付不具有匿名性。其实，计价标准和匿名性均不是构成货币的根本要求。首先，计价标准可能存在于货币本身之外，即货币应该标明价值，但是可以参照货币之外的标准来认定。其次，从历史上看，从硬币到纸币的转换过程本身导致部分匿名性丧失，因为支付交易当事人可以通过号码来辨别每一张钞票并记载下来。第三个反对理由是，电子货币可能导致中央银行在市场上的运作与金融债权的创设与交易失去关联性。然而，即使这种情况成为现实，该反对理由亦未

〔1〕 中国人民银行2005年《电子支付指引（第一号）》第2条第2款将电子支付分为网上支付、电话支付、移动支付、销售点终端交易、自动柜员机交易和其他电子支付，但是并不意味这些支付方式均使用电子货币。

〔2〕 参见商务部2012年《单用途商业预付卡管理办法（试行）》。

讨论可能存在的货币转型。在该过程中，货币由主要是中央银行债务转变为任何值得信赖的发行商债务。例如，这种发行商可能是电话公司，其发行的电话卡也可以用于从其他零售商处购买货物和服务。最后，第四个反对理由是电子货币不是法偿货币。然而，并非所有货币均是法偿货币。从历史上来看，银行券在成为法偿货币之前就成了货币。而将历史上的私人银行券发行与电子货币发行进行类比具有很大的吸引力。[1]因此，电子货币虽不是法偿货币，但为货币。

电子货币与存款的关系在理论与实践上可能存在背离。根据英国1987年《银行法》，存款有两个要件：吸收存款和吸收存款业务。[2]电子货币是否属于吸收存款？即发行商和持有人在出售和购买电子货币时，是否约定了条件，规定在持有人提出要求时或者双方同意的时间赎回？电子货币实际上都赋予购买人赎回权。因此，电子货币应该构成存款。发行电子货币的机构是否是在从事吸收存款业务？即吸收来的资金是否用于贷款或者向自己的其他业务提供资金？虽然电子货币机构不得发放贷款，但是可以投资，因此满足了第二个条件。然而，英国和其他欧盟成员国为了避免电子货币机构适用传统银行法律，亦为了使得非银行可以成为电子货币发行机构，均认定发行电

---

〔1〕 K. Macintosh, "How to Encourage Global Economic Commerce: The Case for Private Currencies on the Internet", *Harvard Journal of Law & Technology*, 11 (1998), 744.

〔2〕 参见钟志勇："'银行'定义之比较研究与借鉴"，载《中国矿业大学学报（社会科学版）》2002年第1期。

子货币不构成吸收存款。[1]

但是，欧盟的立场并不具有说服力。而且，人们难以看出吸收存款是债权债务关系，而电子货币的存储价值则不然。换言之，针对电子货币发行商的请求权与针对任何其他债务人的请求权有何差异？这并不是说电子货币的发行仅限于银行或者存款吸收机构。然而，可能更为合适的做法是承认电子货币机构是“特殊目的”银行而不是引进一个概念扭曲的体制。不应忘记的是，发行银行券曾经是银行业务的基石之一。因此，发行电子货币与吸收存款并非有本质差异，这有助于将银行与支付法律适用于电子货币的发行与支付。[2]笔者认为，银行监管法律原则上不宜适用于电子货币机构，原因在于后者风险小得多，因此应该建立负担“更轻”的监管体制或者监管规则。但是，这并不意味着所有银行法律不能适用于电子货币机构，部分银行监管法律以及支付领域中的私法可以适用于电子货币机构及电子货币。可见，即使电子货币发行不构成吸收存款，对其部分适用银行与支付法律也并无障碍。

目前，电子货币不是一种新的法偿货币，也不是本票，而是一种新的支付机制。[3]从根本上说，电子货币的运作是通过

---

〔1〕 美国联邦存款保险公司认为，如果购买储值卡的资金被特约商户从银行划走前一直保留在客户账户中，该笔资金能够成为存款保险标的。但是，该意见仅仅回答了储值卡资金能否成为存款保险标的这一问题。See Proposed Rule on Determining When Funds Underlying Stored Value Cards Qualify as “Deposits”, https://www.fdic.gov/news/news/inactivefinancial/2004/fil4404.html, accessed on December 21, 2015.

〔2〕 See B. Geva & M. Kianieff, “Reimagining E-Money: Its Conceptual Unity with other Retail Payment Systems”, 2002, available at http://www.google.com.

〔3〕 国内有学者认为，对电子货币的法律性质必须分层次去揭示，那种试图简单地给电子货币一种定性的想法，实质上是出于对货币和货币法律体系的无知。参见李爱君：《电子货币法律问题研究》，知识产权出版社2008年版，第52页。

向受款人支付的方式来清偿付款人所欠受款人的债务的。与此同时，清偿发行商所欠付款人的债务，但是在收单机构与受款人之间产生新的债权债务关系。

电子货币流通的程度不同，对于构成法偿货币的钞票和硬币的影响亦不同。为保证中央银行发行法偿货币的地位，措施之一就是由中央银行自己发行电子货币。中央银行发行电子货币可采取以下两种方式：一种是中央银行自己发行电子货币，同时也允许私人机构发行电子货币；另一种是中央银行将电子货币发行权完全掌握在自己手中，这样电子货币就成为完全的法偿货币。

就第一种方式而言，中央银行作为电子货币发行商同私人机构竞争，存在明显的不公平。这种带有牟利性的活动同中央银行的职能亦有冲突，因此这种方式是不可取的。不过，这种方式也不是不可能存在，例如19世纪中叶美国政府发行的“绿背钞票”和各家私人银行发行的银行券同时存在。直到1933年，美国联邦储备委员会发行的钞票才成为唯一流通的法偿货币。

就第二种方式而言，赞成与反对中央银行将电子货币发行权完全掌握在自己手中的声音此起彼伏。赞成者认为，将电子货币纳入法偿货币范围的好处在于减少处理现金的社会成本，遏制地下经济的发展，并提高电子货币的竞争力。反对者认为将电子货币纳入法偿货币范围会产生大笔制度转换成本，将某些社会弱势群体排除在法偿电子货币外，政府过度干预经济、侵犯隐私权可能破坏人们已形成的某种安全感等问题。[1]

---

〔1〕 See L. Hove, “Making Electronic Money Legal Tender: Pros & Cons”, 2003, available at http: //www. yahoo. com.

欧盟1994年《预付价值卡》[1]报告指出，存储在电子钱包中的资金应该被视为存款，因而只能由银行来处理。欧盟的主要理由在于这样处理可以维护小额支付系统的安全，有利于中央银行和被监管银行之间的信息沟通。同时，代表电子货币的资金同银行存款没有本质区别。此外，电子货币还可以利用现有的银行清算系统。1998年，欧盟中央银行在《电子货币报告》中更明确地指出，为避免改变货币政策和银行业务的现有制度环境，有必要将电子货币发行限制在信用机构上。同时，欧盟中央银行亦认为有必要修正《第一银行协调指令》，以便将所有电子货币发行商纳入"信用机构"定义之中。这将为所有电子货币发行商提供一个公平竞争的环境，并确保每个发行商受到合适的审慎监管。事实上，根据欧盟规定，发行电子货币的机构分为银行机构和非银行机构。2001年，英国金融服务局在《电子货币发行商之监管》咨询文件中明确指出，"电子货币发行商"一词仅仅指非银行发行机构。[2]银行可以依据《银行合并指令》的条件在获得金融服务局的批准后发行电子货币。欧盟新《电子货币指令》通过后，电子货币机构不再被定性为信用机构，而是"金融机构"，因而电子货币发行机构主要分为信用机构和电子货币机构。[3]

美国是目前反对将电子货币的发行权限制在银行手中的最

---

〔1〕 See Working Group on EU Payment Systems, Report to the EMI Council on Prepaid Cards, 1994.

〔2〕 See Financial Services Authority, The Regulation of Electronic Money Issuers, 2001.

〔3〕 2009年《电子货币指令》第1条规定的发行机构还包括邮局转账机构、欧盟中央银行以及成员国中央银行、成员国及其地区或者地方当局。

主要的国家。限制电子货币发行主体容易限制竞争，而电子货币作为技术创新的产物，需要不断创新，竞争是创新的一个保证。此外，美国反对限制电子货币发行机构还有两个重要原因：其一，美国智能卡的发展远远落后于欧洲国家；其二，美国的非银行机构能够得到比较有效的监管。同欧洲不一样，美国非银行机构发行电子货币带来的风险可以通过有效监管来解决。首先，同银行有联系的非银行机构可以根据联系程度由银行监管机构来加以监管。如果某一个非银行机构是银行控股公司的下属公司，其活动由美国联邦储备委员会监管。如果非银行机构是银行的经营性子公司，该子公司的活动将受到母银行监管机构的监管。同时，如果非银行机构向银行提供有关服务，该机构提供服务必须受到有关银行管理机构的监管和检查。此外，如果某一非银行机构是银行控制的公司，银行监管机构可以通过监管和控制母公司来影响非银行机构。其次，如果非银行机构同银行没有联系，可以适用各州的《货币汇兑商法》或者《货币服务法》来监管。在美国，如果某一非银行机构从事旅行支票的发行或者资金汇兑等业务，必须得到所在州的批准。如果非银行机构同银行没有联系，而又从事电子货币业务，这些州法也可以作为监管依据。[1]

由此可见，电子货币发行机构的选择取决于一系列因素。不仅涉及法律规定本身，而且还要考虑到电子货币的发展状况和本国监管体制。[2]

---

〔1〕 参见唐应茂：《电子货币与法律》，法律出版社2002年版，第139～141页。

〔2〕 根据我国香港地区现行《银行业条例》第14A条（1997年版），只有认可机构即持牌银行，有限制牌照银行及接受存款公司可以发行多用途储值卡。

由于我国1999年《银行卡业务管理办法》将储值卡作为借记卡之一，而借记卡又属于银行卡之一，因而储值卡发行机构仅限于银行。目前，我国银行开办的网上支付业务主要建立在银行卡基础之上。而且，从我国现行法律规定来看，支付系统仍是以银行为核心，支付工具的发行主体仍主要限于银行。1997年发布的《支付结算办法》第6条规定，银行是支付结算和资金清算的中介机构，未经中国人民银行批准的非银行金融机构和其他单位不得作为中介机构经营支付结算业务，但是法律、行政法规另有规定的除外。因此，银行是支付结算的中介机构，非银行机构一般而言不能作为支付结算的中介机构。但是，法律也并没有完全禁止非银行机构发行电子货币，因为法律、行政法规另有规定的可以例外。也许正因为如此，2010年《非金融机构支付服务管理办法》通过规章形式允许非金融机构发行预付卡。

三、电子货币中的消费者保护问题

消费者保护问题主要涉及责任承担规则、信息披露制度和错误处理程序，但此处仅论及责任承担规则。英国金融服务局在《电子货币发行商之监管》[1]中提出，发行商应该对消费者所持有的电子钱包金额加以限制，不得超过250英镑。设立限制的原因是，一旦发行商破产，消费者不仅不受“金融服务补偿方案”[2]的保护，而且还面临电子货币实际损失的风险。发

---

〔1〕 See Financial Services Authority, The Regulation of Electronic Money Issuers, 2001.

〔2〕 金融服务补偿方案是在有关当事人不能或者可能不能偿还债务时补偿债权人的一种方案。消费者在任何时刻都不太可能持有大量电子货币，因此英国并未将电子货币发行商纳入金融服务补偿方案。

行商确定电子货币限额后，消费者的最大损失得到了控制。最高限制的确立需要平衡以下两个因素：一方面，不对消费者的自由作过多限制；另一方面，亦应尽量反映一个谨慎消费者在钱包中存放现金的数量。因此，金额限制强调电子货币是硬币和钞票的替代物，而且是一种小额支付机制。

许多人对电子货币限额提出批评，认为限额不公平且起不到应有作用。就保护消费者而言，和实物货币一样，消费者一旦丢失电子钱包应该自担风险。消费者最适宜处理电子钱包意外损失事件，因为与谨慎消费者在保护实物钱包时已经采取的措施一样，只要在电子钱包中存入有限资金且小心看管即可。电子钱包限额应该由消费者和电子货币发行商个别谈判来确定。而发行商破产风险最适宜通过在资本、流动性以及投资等方面制定审慎规则来解决。欧洲大陆现金交易的平均价值较大，因此英国设立如此低的电子钱包限额无助于在欧洲全境建立一个公平的竞技场。不管怎样，许多欧盟成员国并未建议设立电子货币限额。《电子货币指令》规定电子货币用于支付“有限金额”，但是并不意味着仅仅用于“小额”支付。

英国金融服务局认为，电子货币限额旨在保护消费者，控制因发行商破产和电子货币或者访问电子钱包的工具遗失、被盗、损毁或系统失灵而产生的双重损失。设立电子货币限额可以向消费者发出信号，持有电子货币的风险比持有实物货币的风险要大，原因在于发行商可能破产。设立电子货币限额和要求发行商披露风险均提醒消费者注意风险，并使其在是否使用电子货币问题上能作出一个明智的决定。电子货币限额亦强化了以下认识：电子货币旨在替代硬币和钞票，并作为一种支付有限金额的零售性支付方式。[1]不过，金融服务局最终同意将电子货币限额调高至1000英镑。[2]2009年新《电子货币指令》通过后，情况有所变化。英国2011年《电子货币条例》未涉及限额问题，而是交由市场决定。金融服务补偿方案仍然不适用于电子货币[3]，因此英国消费者需要承担未获授权的所有损失。

我国1999年《银行卡业务管理办法》第37条规定，储值卡的面值或者卡内币值不得超过1000元人民币。第51条第4项规定，发卡银行对储值卡和IC卡内的电子钱包可以不予挂失。由此可见，一旦储值卡遗失或者被盗，我国消费者要承担全部损失。2012年《支付机构预付卡业务管理办法》第7条规定，单张记名预付卡资金限额不超过5000元，单张不记名预付卡资金限额不超过1000元。第8条规定，记名预付卡应该可以挂失，可以赎回；不记名预付卡不挂失，不赎回，本办法另有规定的除外。[4]为了保护消费者并限制其损失，我国未来对电子货币的立法应该继续采取上述做法而不是交市场决定。如果电子货币发生未获授权使用、发行商破产、遗失或者被盗等风险，1000元即为消费者的最大损失。该规则明确具体，无需考虑当

---

〔1〕 See FSA, The Regulation of Electronic Money Issuers: Feedback on CP117, 2002.

〔2〕 电子货币限额有例外。在以下情况下可以超过1000英镑：①电子货币在发生损失、失灵、被盗或者遭受损害时，不会给消费者带来任何损失；②发行商有能力阻止任何电子货币的使用；③拥有电子货币的当事人身份、拥有数量、拥有赎回权的当事人身份以及拥有数量，均由发行商所作记录来决定。

〔3〕 See The FCA's role under the Electronic Money Regulations 2011, Our approach 2013.

〔4〕 第36条规定，发行可以在公共交通领域使用的预付卡发卡机构发行的不记名预付卡，单张卡片余额在100元以下的，可以按约定赎回。

事人的过错以及相关背景事实，也无需法院裁判，因而符合成本效益原则。至于记名预付卡，由于其可以挂失，因此可有效控制风险。

四、电子货币监管问题

（一）资本要求

资本要求涉及的问题主要有：是否需要规定最低资本；如果需要，多少合适；是否需要按不同机构类型甚至不同业务提出不同资本要求。美国和日本均无资本要求，但是美国要提供担保。新加坡 2006 年《支付系统（监管）法》也未对广泛接受的储值工具发行人提出资本要求，但是发行人应该提供全额银行担保。欧盟旧《电子货币指令》要求每一个电子货币发行商的初始资本至少有 100 万欧元。一旦开始营业，发行商必须确保自有资金在任何时候等于或者高于 100 万欧元。总体而言，几乎所有欧盟成员国一字不差地采纳了指令中的初始资本和持续性自有资金要求。唯一变化的是初始资本，有 3 个成员国将其提高到 100 万欧元以上，例如法国为 220 万欧元、希腊为 300 万欧元。大多数业内利害关系人认为，指令要求 100 万欧元初始资本太高。尽管没有证据直接支持以上观点，但是更高的初始资本很可能阻碍潜在申请人进入电子货币市场。这在希腊尤其如此，因为初始资本必须以现金形式存入希腊银行，使得其更像担保。[1]不过，新《电子货币指令》已经将初始资本降至

〔1〕 Commission Staff Working Document on the Review of the E-Money Directive (2000/46/EC), 2006, available at http：//www. ecb. int.

35万欧元。[1]与此同时，自有资金要求也降至35万欧元，或者根据相关规则确定的金额[2]，以金额高者为准。

我国有最低实缴资本要求。2010年《非金融机构支付服务管理办法》第9条规定，申请人拟在全国范围内从事支付业务的，其注册资本最低限额为1亿元人民币；拟在省内从事支付业务的，最低限额为3000万元人民币。这样的资本要求是否太高？上述国际组织或者国家的资本要求都比我国低或根本无资本要求。因此，即使不取消资本要求，我国也宜较大幅度降低注册资本并区分不同机构甚至不同业务提出不同要求。例如，从事预付卡业务的注册资本限额的资本限额最少为1000万元人民币。考虑到欧盟2%的自有资金要求本身似乎并未对已获授权的电子货币机构带来重大困难，但是与指令的其他要求，例如初始资本、投资限制、业务限制一起使得人们认为整个体制要求过高。[3]同时，考虑到美国、日本、新加坡和韩国均未要求自有资金，我国亦可不提。

（二）业务限制

欧盟旧《电子货币指令》第1条规定，除了发行电子货币

〔1〕 英国2011年《电子货币条例》附表2规定，如果请求注册为小型电子货币发行商的发行人的平均未偿余额在50万欧元及以上，其必须持有不少于上述余额2%的注册资本。

〔2〕 新《电子货币指令》第5条规定，相关规则包括：如果单纯提供支付服务，根据《支付服务指令》所确定的ABC三种方法算出，而如果发行电子货币，则根据方法D算出；方法D要求自有资金不少于平均未偿电子货币余额的2%；如果未偿电子货币余额无法提前获知，可以使用估计数据；主管机关有权在自有资金法定要求的基础上增减20%。

〔3〕 Commission Staff Working Document on the Review of the E-Money Directive (2000/46/EC), 2006, available at http://www.ecb.int.

外，电子货币机构只能从事以下业务：①提供相关金融和非金融服务，例如为完成与发行有关的操作性和其他从属性职能而管理电子货币，发行和管理其他支付工具但不包括提供任何形式的信用；②代表其他企业或者公共机构在电子设备上存储数据。电子货币机构不应该持有任何其他企业的股份，但持有为完成与已经发行或者分销的电子货币有关的操作性和其他从属性职责而设立的企业股份除外。可见，除发行电子货币并从事与此紧密相关的业务外，电子货币机构不得经营任何业务。然而，不无疑问的是，像旨在保护浮存额〔1〕而禁止经营其他业务这样强而有力的审慎要求整体上是否与其带来的风险水平相称?〔2〕欧盟委员会认为，业务限制构成电子货币机构的重大制约，在发行电子货币并非其核心业务时更是如此。因此，有必要减少对电子货币机构业务的限制，并确保采取与《支付服务指令》更为一致的方法。

欧盟新《电子货币指令》第6条规定，除从事电子货币发行外，电子货币机构还可以从事以下任何一种业务：①支付服务〔3〕；②发放与支付服务相关的贷款〔4〕，但以符合相关条件〔5〕为限；③为发行电子货币或者支付服务提供运营服务和与此紧密相关的附属服务；④运营支付系统；⑤共同体法和国内

〔1〕 所谓浮存额，指发行商发行电子货币收取而又未用于赎回的资金。我国称为备付金。

〔2〕 而且，该规定与《支付服务指令》中所采取的方法相冲突。指令纳入“支付服务”范围的业务更广泛，已获授权的支付机构所从事的业务不具有排他性，也不限于支付服务。

〔3〕 参见第一章第三个问题。

〔4〕 贷款不得使用发行电子货币所获资金。

〔5〕 See Article 16 (3) and (5) of Directive 2007/64/EC on Payment Services and Repealing Directive 97/5/EC.

法允许的发行电子货币之外的商业活动。此外，电子货币机构不得接受存款或者其他必须偿还的资金，而发行电子货币所收取的资金必须立即兑换为电子货币。英国 2011 年《电子货币条例》第 32 条明确第三类业务包括确保支付交易完成、外汇服务、保管箱服务和数据存储与处理等。

根据我国 2010 年《非金融机构支付服务管理办法》，支付机构不能从事支付服务之外的业务。我国台湾地区的做法与大陆类似，电子票证机构只能发行电子票证、签订特约机构并从事其他经主管机关核准之业务。不过，我国台湾地区主管机构核准的业务不限于支付业务，似乎为业务兼营留有余地，但是取决于其自由裁量权。韩国电子货币发行商业务范围比我国台湾地区更为宽泛，可以提供电子资金划拨服务、发行和管理电子借记支付工具或者电子预付工具、提供电子支付结算代理服务、从事总统令所规定的其他电子金融服务，还可以从事其他业务，例如开发、销售或者租赁相关电子处理系统和软件，代为执行电子金融交易以及从事金融监督院许可的其他业务。[1]欧盟电子货币机构业务限制走过了一段弯路，2000 年《电子货币指令》对业务范围原本限制较严，但是 2009 年指令已经大为放松，这其中的经验教训值得我们汲取。我国《非金融机构支付服务管理办法》不允许支付机构兼营其他业务，属于限制过严，建议将“中国人民银行确定的其他支付服务”修正为“中国人民银行确定的其他业务”。中国人民银行可以通过个案审批

---

〔1〕 See Article 22 of Enforcement Decree of Electronic Financial Transaction Act 2006 (revised 2013).

方式逐步扩大业务范围并积累经验，等条件成熟时将经实践证明可行的其他业务以列举方式纳入该管理办法。此外，还应该允许预付卡机构发放结算贷款。[1]

（三）安全措施

欧盟旧《电子货币指令》确保机构稳健的主要措施之一是投资限制。指令第 5 条规定，电子货币机构的投资应该不少于未偿电子货币总额，并只能投资于以下资产：①信用风险为零且具有充分流动性的资产；②《第 2000/12 号指令》界定的“A 区国家”[2]信用机构的活期存款；③流动性充分、不在第一种情形之内、主管机关认为合格并且有关电子货币机构拥有合法股份或者必须与之实行并表监管的企业的债务工具。活期存款与债务工具不得超过电子货币机构自有资金的 20 倍，而且在适用该规则时应该与信用机构一样严格。新《电子货币指令》第 7 条规定，成员国应该依据《支付服务指令》第 9 条[3]要求电子货币发行机构对其因发行电子货币而收取的资金采取安全措施。

我国 2010 年《非金融机构支付服务管理办法》和 2013 年《支付机构客户备付金存管办法》对安全措施提出了要求，但是我们发现：其一，安全措施过于严格。备付金专户存放可以保护消费者利益，但是该管理办法还要求商业银行协作监督，而

〔1〕 参见第四章第四个问题。

〔2〕 A 区国家包括 15 个现任欧盟成员国以及澳大利亚、加拿大、捷克、匈牙利、冰岛、日本、韩国、墨西哥、新西兰、挪威、波兰、斯洛伐克、瑞士、土耳其和美国。

〔3〕 2007 年《支付服务指令》第 9 条要求综合公司不将沉淀资金与其他资金混合并存入信用机构专门账户或者投资于安全、流动性好的低风险资产，或购买保险或者其他担保。

该《支付机构客户备付金存管办法》则规定了风险准备金计提比例、存管银行备付金存放比例。上述比例属于监管银行做法，适用于电子货币机构属于监管过度。我国台湾地区做法与大陆有些类似，但是无存管银行备付金存放比例要求，其备付金要求仅仅适用于一定金额以上。新加坡要求提供银行担保，而日本仅仅要求一定金额的保证金。欧盟对综合公司提出了专户存储要求且600欧元以上部分才适用，但是英国对综合公司和非综合公司均提出了要求并将门槛降至50英镑。美国通过法定信托来保护沉淀资金，要求最为宽松。建议我国仅保留专户存储要求，取消比例要求以及商业银行协作监督。其二，安全措施形式过于单一。我国台湾地区和日本都可以用信托或者保证来取代专户存放。欧盟可以用安全且具有流动性的低风险资产或者保单或担保来取代专户存放。可见，用信托、保单或者担保来取代专户存放属于通行做法，建议我国也采用类似做法。

（四）豁免体制

欧盟旧《电子货币指令》第8条规定，符合下列条件之一的电子货币机构豁免适用指令之部分或者全部规定：①未偿电子货币余额通常不超过500万欧元并从不超过600万欧元；②电子货币只被子公司、母公司或者姐妹公司所接受；③电子货币只被为数不多的企业接受，而它们有同一住所或者位于有限的区域内或与发行机构有紧密的财务或者商业上的关系。豁免体制的实施在欧盟成员国中差异很大，这不仅体现在豁免条件和授予豁免的程序上，而且还体现在可以豁免适用的规定上，甚至还有6个成员国未建立豁免体制。运用得最广泛的豁免条件是浮存额限制。未采纳该条件或者降低门槛很可能实质性减少了小规模电子货币方案对豁免体制的利用，而它们可能又不符合接受机构或者地理限制这两个豁免条件。至于豁免程序，自动授予豁免似乎会导致豁免的广泛使用。然而，英国和捷克的豁免机构相当多。这表明，如果申请程序非常简单快捷，正式申请程序并不必然构成利用豁免的障碍。在欧盟现有72家豁免机构中，66家位于无条件地豁免适用指令以及相关立法所有规定的国家。与此同时，在监管机关个案决定豁免适用哪些规定的国家中，迄今为止还没有一家机构获得豁免。这种程序很可能导致豁免申请程序耗费时日、不具有可预测性。[1]新《电子货币指令》收紧了豁免条件，其第9条规定，符合下列条件的电子货币机构可以豁免适用指令之部分或者全部规定：①营业所产生的未偿电子货币余额不超过成员国所设定的限制，任何情况下均不得超过500万欧元；②负责业务管理或者运营的任何自然人均未因涉嫌洗钱或者恐怖融资或其他金融犯罪而被判刑。

在我国，行政权力非常强大，行政机关可能也不太习惯于某些电子货币机构不接受监管。但是，为培育一个市场，必须对某些电子货币机构采取“不作为”态度。因此，笔者以为，我国亦应该建立豁免体制，明确豁免条件，并要求豁免机构提交报告。我国小规模发行商的电子货币未偿余额不超过1000万元可以豁免。关联企业发行电子货币可以依据2012年《单用途商业预付卡管理办法（试行）》进行，不属于2010年《非金融机构支付服务管理办法》所界定的预付卡。电子货币只被拥有

---

〔1〕 Evaluation of the E-money Directive (2000/46/EC): Final Report, 2006, available at http://www.eu.int.

同一住所或者有限的当地社区的人接受的情形在我国也存在，如校园卡、市民卡，这种电子货币也不属于该《非金融机构支付服务管理办法》所界定的预付卡。此外，根据旧《电子货币指令》，小规模发行商还得满足一个条件，即电子货币中的最大存储金额不得超过 150 欧元。但是，欧盟成员国的受访者声称豁免机构电子钱包的最大存储金额限制构成了一项主要负担，甚至对部分规模非常小的方案而言亦是如此。[1] 根据新指令第 9 条，此问题由成员国自行决定。笔者认为，我国未来立法时需要考虑此问题，由于我国市场尚不成熟，可以要求小规模发行商发行的电子货币最大存储金额不得超过 1000 元。

对于豁免机构既不能严加监管，但亦不能完全放任自由。虽然自动豁免可能导致豁免的广泛使用，但是不利于监管机构及时了解情况。我国可以借鉴英国经验，建立一种非常简单快捷的申请程序且不允许监管机关行使自由裁量权。至于是否豁免未来电子货币专门立法中的所有规定，我国宜规定豁免适用所有规定。当然，提交报告和信息披露除外。因此，小规模发行商应该定期向主管机关报告电子货币发行活动，包括未偿电子货币余额，报告次数以每年 2 次为宜。主管机关在小规模发行商证书的申请与发放过程中可以不收取任何费用，至多收取证书工本费。如果主管机关认为小规模发行商不再满足证书发放条件，可以撤销证书。然而，如果违反条件是非故意的、暂时的或者微不足道的，主管机关可以决定不撤销证书。如果小规模发行商违反信息披露规则，亦可以撤销证书。

---

〔1〕 Evaluation of the E-money Directive (2000/46/EC): Final Report, 2006.

附　录

网上支付中的消费者保护问题[1]

——美国立法规定及其对我国的启示

一、美国现行网上支付体系

美国现行网上支付体系主要有以下三种：

（一）以信用为基础的支付体系（Credit-based Payment Systems）

现在，大多数网上支付是信用卡交易。使用信用卡在网上进行支付主要有两种方式：①商家主导型（Merchant-initiated Credit Systems）。买方把信用卡信息通过因特网传递给商家，信

---

〔1〕原文刊载于《国际贸易问题》2002年第5期，全文转载于人大复印资料《经济法学·劳动法学》2002年第8期。

息或不加密或使用安全套接层[1]进行加密。然后，商家把信息传递给信息处理者，通过私人电话线或通过因特网进行传递。通过因特网进行传递涉及把信息传递给计算机网关服务器[2]，由后者把信息传递给商家进行处理。在这种方式中，商家可以看到信用卡信息，这对买方不利。②买方主导型（Purchaser-initiated Credit Systems）。买方使用一种称作“钱包”的特殊软件把信用卡信息传递给商家，这样商家就看不到信用卡信息。然后，商家通过因特网把信息卡信息以加密的形式进行传递，以便处理。安全电子协议[3]使用钱包软件对信息进行加密，以防止信息在因特网上被他人截取，但是增加了对商家及买方身份的认证，这需要建立认证机构。[4]

（二）以借记为基础的支付体系（Debit-based Payment Systems）

以借记为基础的支付体系是被设计成满足银行账户持有人通过因特网来转移其账户资金的要求，交易的处理通常通过传统的银行支付体系进行。从商家的角度看，借记交易比信用交易更有优势，如更低的消费、更有限的扣回风险[5]，而且商家

---

〔1〕 安全套接层（Security Socket Layer，SSL）是网景公司推出的一种安全通信协议，它能对银行卡和个人信息提供较强的保护。

〔2〕 计算机网关服务器（Gateway Computer Server）是连接银行专用网络与因特网的一组服务器，其主要作用是完成两者之间的通信、协议转换和进行数据的加、解密，以保护银行内部网络的安全。

〔3〕 安全电子协议（Secure Electronic Transaction，SET）是由维萨公司和万事达公司联合开发的，主要是为了解决网上银行卡支付的安全而设计的，它能保证支付信息的机密、商家及持卡人的合法身份等。

〔4〕 认证机构（Certificate Authority，CA）是为确认交易各方的身份以及保证交易的不可否认而设立的机构，它通过发放电子安全证书来达到以上目的。

〔5〕 扣回风险（Risk of a Charge-back）是指消费者对未获授权的交易提出异议之后，收单行从商家账户内扣回已支付之金额的风险。

可以提供一些低价值的物品。从消费者的角度看，借记交易使得在商家不愿意接受信用卡时也能进行网上支付。以下三种是正在发展或已运用于实际的主要种类：①电子支票（Electronic Check）。买方把其银行账号号码及银行代码传递给商家。商家通过因特网把该信息传递给电子支票服务提供者，由后者传递给自动化清算所借记买方账户并贷记商家账户。②网上借记卡（Internet Debit Card）。买方向商家发送与自动柜员机卡共享的账户信息及个人辨认密码。然后商家把信息通过因特网传递给借记服务提供者，由后者向自动柜员机网络发送信息，借记买方账户并贷记商家账户。③在线储金体系（On-line Stored Value Systems）。该体系要求买方在因特网上进行支付前须对钱包软件储值。被划入的资金由服务提供者以买方名义存入银行账户。进行支付时，买方使用钱包向商家发送加密的支付信息，由后者向服务提供者传递。服务提供者借记其开立的买方账户并贷记其为商家开立的类似账户。

（三）数字货币（Digital Currency）

为了获得能在因特网上购物使用的数字货币，买方须把银行账户或信用卡内的资金转换成电子代用货币。电子代用货币在交换时能被软件认可为有效的加密信息。买方须向数字货币的发行人支付一小笔费用。数字货币是购买可在网上交付的低价值物品的理想支付工具，目前运用尚不广泛。

二、消费者保护问题

联邦法律及联邦储备委员会条例为不同的支付体系规定了不尽相同的消费者保护规则，以下是其要点。

（一）以信用为基础的支付体系

1. 联邦法律。《消费者保护法》之1970年修正案关于信用卡欺诈部分规定，持卡人仅在以下条件下对未获授权的使用负责：①持卡人已接受了信用卡；②责任不超过50美元；③发卡人就潜在责任向持卡人发出过通知；④发卡人向持卡人提供了在信用卡丢失或被盗时通知发卡人的方法的说明；⑤未获授权的使用发生在持卡人就丢失或被盗向发卡人发出通知之前；⑥发卡人提供了一种方法，依该方法持卡人可确认其就是已获授权使用该卡之人。如果持卡人声称一项收费未获授权，发卡人有责任证明以上每项条件均已满足。法律允许发卡人要求持卡人承担不超过50美元的责任，但是发卡人很少这样做，因此该法律有效地免除了持卡人对未获授权使用的责任。

2. 联储条例。旨在实施《诚实信贷法》的联储《Z条例》就消费信贷营销及在什么条件下可以提供消费信贷向消费者提供了一系列保护。对电子商务交易而言，《Z条例》除重述了法定的责任限制外，最重要的规定还有以下两个方面：①错误更正。信用卡持卡人须在含有错误的账单第一次寄出之日起60天内就账单内的错误作出报告。同样，发卡行须进行调查并在收到通知之日起90日内更正错误或向持卡人说明为什么账单是正确的。在调查期间，持卡人可以不支付发生争议的款项。②披露。《Z条例》还要求发卡银行作出一定的披露，以便消费者能发现未获授权的交易与错误并采取适当的行动。错误更正程序须在持卡人第一次收到信用卡时提供，以后每年提供一次。[1]

---

〔1〕 12 C. F. R. 226（1997）.

（二）以借记为基础的支付体系

1. 联邦法律。1978 年《电子资金划拨法》对消费者在借记卡交易下的权利和责任确立了一个全面的框架。该法规定消费者对未获授权使用借记卡的责任，一般每次或每一系列相关的电子资金划拨以不超过 50 美元为限。

2. 联储条例。在使用借记为基础的支付体系时，联储《E 条例》向消费者提供了主要的法律保护。该条例对消费者的保护主要有三个方面：①责任限制。与信用卡不同的是，消费者只有在得知电子资金划拨卡或个人辨认密码丢失或被盗之日起 2 个营业日内报告损失，才能对未获授权的电子资金划拨享受 50 美元的责任限制。如果消费者没有在规定的时间内报告，责任限制为 50 美元。如果消费者在金融机构向其传送载有该笔未获授权划拨的定期账单之日起 60 天内未能通知，则不能享有最高责任限制。②错误更正。《E 条例》要求金融机构在调查与电子资金划拨有关的错误时遵守一定的程序。以下情形构成错误：未获授权的电子资金划拨；从消费者账户进行的不正确的电子资金划拨；定期账单中漏载了电子资金划拨；金融机构进行电子资金划拨时或应消费者的要求提供证明文件、额外信息或澄清电子资金划拨时所发生的计算或簿记错误。当金融机构收到发生了错误的通知时，它须在 10 个营业日进行调查以确定是否发生了错误。它须在 3 个营业日内向消费者报告调查结果。如果不能在 10 个营业日内完成调查，它可以在收到通知之日起 45 个营业日内完成调查，条件是在收到通知后 10 个营业日内重新贷记消费者账户。另外，金融机构须在账户被重新贷记之日起 2 个营业日内通知消费者并允许充分使用该笔争议资金。然后，它须在完成调查的 3 个营业日内向消费者报告结果。如果认定已发生了错误，须在认定之后 1 个营业日内更正错误。③披露。《E 条例》规定，在消费者收到借记工具和反映交易活动的定期账单时，金融机构应对消费者的权利和义务作首次披露。另外，消费者应每年收到一次错误更正程序的通知。[1]

（三）数字货币

因为联储《E 条例》并不适用于数字货币，其使用者要承担持有和接受数字货币的全部损失风险。从消费者的角度来看，使用数字货币的风险是有限的。消费者很可能只把少数的货币（如不超过 100 美元）换成数字货币，因此当代用货币被盗或含有代用货币的文件被篡改时，相当于从钱包里丢失了一些现金。从商家的角度来看，接受数字货币的风险却是巨大的。

三、对我国的启示

在美国，如果消费者银行卡信息从因特网上被盗，可以享受法定保护，条件是持卡人审查定期提交的账单并立即就未获授权的交易向银行报告。对消费者责任的法定限制写入了信用卡/借记卡协议，而协议须与卡一道提供给消费者。因此，一般情况下由银行和商家承担与因特网相关的银行卡欺诈风险。[2]美国并未针对因特网上使用银行卡制定特别规则，而是沿用已有的法律和规章。我国仅有中国人民银行于 1999 年发布的《银

---

〔1〕 12 C. F. R. 225. 7 ~8 (1997).

〔2〕 Randy Gainer, "A Cyberspace Perspective: Allocating the Risk of Loss for Bank-card Fraud on the Internet", *John Marshall Journal Computer & Information Law*, 15 (1996), 43 ~45.

行卡业务管理办法》（以下简称《办法》）对银行卡进行了规范。以下就我国现行银行卡规定中的消费者保护规定与美国有关法律作一比较并就网上使用银行卡支付的消费者保护立法提出一些具体建议。

（一）比较

1. 责任承担。《办法》对信用卡的丢失或被盗并无规定，只是授权发卡行在章程或协议中规定挂失责任[1]，如第51条规定，发卡银行对储值卡和IC卡内的电子钱包可不予挂失，这意味着这两种卡的损失全部由持卡人承担；第53条规定借记卡的挂失手续办妥后，持卡人不再承担丢失卡账户资金变动的责任，即办妥之前的全部责任由持卡人承担。美国法律规定，消费者对信用卡的未获授权交易的最高责任仅为50美元；对消费者在借记卡丢失或被盗时的责任也作了限制，一般不超过50美元，即使未在规定时间内报告也不超过500美元，在收到载有未获授权交易的账单之日起60天内未报告不再享有责任限制。

2. 错误更正。《办法》第52条仅规定，发卡银行对持卡人关于改正要求应当在30天内给予答复。美国法律关于这一问题规定得很详细。信用卡持卡人须在60天内报告账单错误，发卡人须在90天内完成调查，持卡人在调查期间可不支付该笔争议资金。金融机构对借记卡错误须在10个营业日内完成调查，3个营业日内报告结果。

3. 披露。《办法》第52条规定，发卡银行应提供包括章程在内的使用说明资料，并按月向持卡人提供账户结单，但下列情况

[1] 《银行卡业务管理办法》第52条。

例外：①已向持卡人提供存折或其他交易记录；②自上一份月结单后，没有进行任何交易，账户没有任何未偿还余额；③已与持卡人另行商定。此外，该条对对账单的具体内容作了规定，并要求发卡银行在章程或使用说明中向持卡人说明密码的重要性及丢失的责任。美国法律对信用卡和借记卡的披露规定相似，均要求定期提供对账单，披露持卡人的权利和义务及错误更正程序，而且错误更正程序应每年寄送一次。

通过比较可以看出，我国银行卡立法的效力层次不高，对消费者的保护还很不够。行政规章仅对借记卡丢失或被盗有规定，而且也让消费者承担挂失之前的全部风险。《办法》对错误更正仅有一句话，过于简单。至于披露之规定虽较为详细，但豁免提供月结单的第一及第三种情况是否合理，值得考虑。究其原因，部门立法难免有部门保护倾向，而格式合同也难免会出现不公平条款。在我国，存折或印章遗失或被盗，储户要承担挂失前的全部风险。[1]借记卡不能透支，要持卡人承担挂失之前的风险似乎是理所当然的，很少有人会提出异议。看来，我 国银行卡领域内的消费者保护立法还有很长一段路要走。

另外，中国人民银行于2001年7月9日发布实施的《网上银行业务管理暂行办法》（以下简称《暂行办法》）要求银行遵守消费者权益保护等方面的法律、法规和规章，要求银行以适当的方式向客户说明和公开各种网上银行业务品种的交易规则，要求银行在客户申请某项网上银行业务品种时，向客户说明该

〔1〕《储蓄管理条例》第31条；《中国人民银行关于执行〈储蓄管理条例〉的若干规定》第37条。

品种的交易风险及其在具体交易中的权利与义务。[1]《暂行办法》要求银行遵守消费者权益保护法律，但是我国尚无任何法律、法规对消费者在因特网上使用银行卡提供保护。《暂行办法》要求银行向客户作出披露，可以理解为也向消费者提供了一定的保护，但是未规定以何种方式进行披露，未规定应披露错误更正程序，也未要求错误更正程序每年应寄送一次。更为关键的是，《暂行办法》未对责任限制及银行错误更正作出任何规定。

（二）建议

网上支付的最大风险是安全风险。尽管有了安全电子协议与安全套接层协议，但谁也无法保证黑客或罪犯不能从网上截获有关支付信息。有的计算机专家就指出，没有完美的计算机安全，安全不是一个目标而是一个追求过程。消费者的力量是渺小的，机构的力量是强大的。让消费者承担全部风险反而会使电子商务及网上支付举步维艰，安全技术也得不到迅速发展。因为，如果消费者认为网上支付是不安全的，或者会给自己带来无法预料的损失的话，就不会或减少进行网上交易或网上支付。因此，明智的做法是让银行及商家承担因未获授权交易而产生的大部分甚至全部风险。为了发展电子商务，保护消费者的利益，应注意以下几点：

1. 我国应就网上支付的风险分配及消费者保护问题另作规定，而不能像美国一样把现行银行卡规定适用于网上银行卡支

---

〔1〕《网上银行业务管理暂行办法》第14条、第21条（此文件已失效，取而代之的是《电子银行业务管理办法》第39条，但后者对消费者保护的力度更小）。

付。美国法律对现实中消费者使用银行卡提供了充分的保护，因此现行银行卡的规定适用于网上银行卡的支付。而我国现行银行卡立法不仅不完善，且对消费者的保护力度还很不够。在立法层次上，至少要由国务院制定行政法规，可以考虑纳入促进电子商务的法规中。

2. 设立责任限制。可参照美国借记卡风险分配制度，在规定的时间内，如载有未获授权交易的账单寄发之日起60天内报告，享有责任限制，如50美元，否则不再享有责任限制。至于银行与商家之间，可由双方协议分配风险或向保险公司投保。

3. 应详细规定错误更正程序，并要求银行每年向消费者寄送一次。具体可参照美国对借记卡错误更正程序的规定。

4. 严格披露要求。要求银行对网上使用银行卡的风险进行充分披露，要求银行对消费者的权利与义务进行详细披露，要求银行每月提供对账单，除非该月未发生支付或账户无余额。

电子货币若干法律问题研究[1]

我国尚无法律专门规范电子货币。中国人民银行于2005年10月26日表示，已经着手研究虚拟电子货币、非银行支付服务组织的电子支付业务规范等问题[2]，但有关规定到目前为止尚未出台。本文拟探讨电子货币的定义与法律性质、电子货币私法和公法问题。

一、电子货币之定义与法律性质

（一）定义

电子货币的界定是一个难题，原因不仅在于电子货币正处在发展时期，而且还在于各国宽严不一的界定反映电子货币政策不一。如果采取严格管制的政策，可能会将电子货币界定得宽泛些。即使同一国家或国际组织在不同时期的界定亦不尽相同，这反映随着电子货币的发展，人们的认识也在不断地深化。

国际清算银行将货币价值存储在电子设备上、具有多种用途及储值型或预付型作为定义电子货币的三个基本要素。欧盟

---

〔1〕 原文刊载于《河北法学》2007年第9期，全文转载于人大复印资料《经济法学·劳动法学》2007年第10期。基金项目：中国法学会重点资助项目“网上支付中的法律问题研究”（会研字〔2003〕3号）。

〔2〕 “中国人民银行有关负责人就《电子支付指引（第一号）》答记者问”，http://www.pbc.gov.cn/detail.asp?col=100&ID=1634&keyword=电子支付，2005年11月30日访问。

认为电子货币具有四个要素，即货币价值请求权、存储在电子工具上、收取的资金不少于已发行的货币价值及被发行商之外的其他企业接受为支付方式。而英国对欧盟定义只作了部分修改，将“收取的资金不少于已发行的货币价值”改为“收受资金后发行”。

笔者建议，我国未来立法可以采纳英国做法。

第一，应明确采用“四要素”说。某一产品要成为电子货币产品的第一个因素是，持有人应对发行商拥有一种“货币价值请求权”。因而如何辨认电子货币发行商很重要。第二个因素是货币价值必须存储在“电子工具”上。电子工具使用磁条这一事实并不妨碍其成为电子货币定义之下的电子工具。第三个因素是必须在“收受资金后发行”，这意味着电子货币是一种预付型产品。[1]与提供信贷的信用卡不同，电子货币顾客须事先支付价款。第四个因素是必须存在“发行商之外的其他企业”接受电子货币。这意味着持有人能够使用电子货币从发行商之外的其他企业处购得货物和服务。

第二，我国未来立法应明确区分电子货币与存取产品如借记卡、信用卡等与银行账户相连的电子工具。存取产品是允许持有人通过电子通讯手段获取传统支付服务的产品，其典型代表方式为银行卡。例如，使用标准个人计算机及计算机网络如互联网进行信用卡支付，或发送指令以便在银行账户之间划拨资金。这些方案的重大创新之处在于通讯方式，譬如使用计算机

---

〔1〕 英国《电子货币专业手册》禁止折价发行电子货币，但如果他人支付差价则可以例外。这为电子货币促销消除了法律障碍。另外，发行商承担发行费用不构成折价发行。

网络而不是亲自去银行分支机构办理。

第三，我国未来立法应区分电子货币与存款。以账户为基础的货币价值可成为电子货币，但并非所有以电子方式记入账户的货币价值都会成为电子货币。在区分电子货币和存款时，以下因素非常重要：其一，电子货币是一种纯粹的电子产品。如果存储货币价值的账户可使用非电子手段进入，则为存款。其二，如果某一产品被设计成只能用于支付有限金额且不作为储蓄方法，这些特征指向的是电子货币。相关特征还包括允许货币价值存留账户的时间、不利因素及是否支付利息等。其三，如果账户除拥有作为一种支付手段所必需的特征外还具有其他特征，如透支、直接借记，则不可能是电子货币。因此，存款涉及创立债权债务关系，而接受资金的人存储该货币价值以备日后偿还。与此相反，电子货币涉及支付手段的购买。

第四，就目前状况而言，我国不宜将移动支付、公交智能卡纳入电子货币。可能存在争议的是电子代金券，由于我国严格禁止代币券，恐怕难以允许电子代金券的存在。应当指出的是，传统电子支付方式如银行之间的大额资金划拨系统、直接转账系统、自动清算所、直接借记系统或家居银行系统均不属于电子货币。此外，通常使用传统磁条技术的单一用途的预付卡亦不属于电子货币。

（二）法律性质

目前关于电子货币的货币性质，不同的组织和学者们有不同的见解，主要可以分为两种观点：一种认为电子货币具有货币属性；另一种观点认为电子货币不是一种新的货币形态，只是基于实体货币而诞生的用于电子支付体系的一种新支付方式。[1]

电子货币显然不是法偿货币，但是否为“货币”？有人反对将电子货币视为货币，第一个理由是，电子货币并无不同的计价标准。第二个理由是，电子货币支付不具有匿名性。其实，计价标准和匿名性均不是构成货币的根本要求。首先，计价标准可能存在于货币本身之外，即货币应标明价值，但可参照货币之外的标准来认定。其次，从历史上看，从硬币到纸币的转换过程本身导致部分匿名性丧失，因为支付交易当事人可通过号码来辨别每一张钞票并记载下来。第三个反对理由是，电子货币可能导致中央银行在市场上的运作与金融债权的创设与交易失去关联性。然而，即使这种情况成为现实，该反对理由亦未讨论可能存在的货币转型。在该过程中，货币由主要是中央银行债务转变为任何值得信赖的发行商债务。例如，这种发行商可能是电话公司，其发行的电话卡也可用于从其他零售商处购买货物和服务。最后，第四个反对理由是电子货币不是法偿货币。然而，并非所有货币均是法偿货币。从历史上来看，银行券在成为法偿货币之前就成了货币。而将历史上的私人银行券发行与电子货币发行进行类比具有很大的吸引力。

电子货币和法偿货币在概念上并非水火不容。新加坡在2008年已将电子货币纳入法偿货币范畴。依据该电子法偿货币系统，不管货物或服务价格大小，每一特约商户及服务提供者均得接受电子货币。然而，国家发行电子货币已超出了本文要

---

〔1〕 张庆麟：“电子货币的法律性质初探”，载《武汉大学学报（社会科学版）》2001年第5期。

讨论的范围，因为我们只讨论私人发行的电子货币。电子货币可能是“货币”，但不是“法偿货币”。实际上，如果电子货币本身不是“货币”，将其充当“法偿货币”是难以想象的。〔1〕

二、电子货币私法问题

（一）法律关系

一般而言，电子货币法律关系中存在三方基本当事人：发行商、持有人和特约商户。持有人与发行商是电子货币法律关系中最重要的当事人，他们之间可能存在以下三种关系：买卖关系、存款关系、委任关系。〔2〕

1. 买卖关系。持有人欲取得电子货币，必须向发行商通过转账或直接付款支付相应代价。围绕电子货币资金的支付，持有人与发行商之间形成了购买电子货币的合同关系。这一合同关系的主要内容是申请人向发行商支付一定代价，发行商向申请人发行电子货币。一方面，申请人有权自主决定以法定货币或账户存款或债权等作为电子货币资金，还有权在特定情况下要求把电子货币回赎为法定货币。另一方面，发行商对电子货币资金的支付形式也有选择权。

2. 存款关系。电子货币发行商与持有人之间是否存在存款关系，在国际上并没有明确一致的看法。美国相关法律和澳大

---

〔1〕 B. Geva and M. Kianieff, Reimagining E-Money: Its Conceptual Unity with other Retail Payment Systems, http://www.chinese-s.adobe.com/products/acrobat/readstep2.html, 2002年9月2日访问。

〔2〕 张德芬：“电子货币交易的法律关系及法律规制”，载《法学》2006年第4期。

利亚《电子资金划拨行为法》对此并没有提及。而美国联邦存款保险公司1996年指出，存款机构所发行的部分储值卡不构成《联邦存款保险法》之下的存款。[1]但欧盟《电子货币指令》中有明确的界定：其一，电子货币若在发行机构的账户上形成一个贷方余额，则构成接受存款或其他可偿付资金；其二，鉴于电子货币作为钞票和硬币之替代品，倘若收取的资金立即兑换成电子货币，则电子货币的发行本质上不构成吸纳存款活动，持有人与电子货币发行商之间亦就不会产生存款关系。

3. 委任关系。申请人购买电子货币时与发行商同时达成协议，持有人购买货物或接受服务时，由发行商将相应电子货币转移给卖方或服务提供者，由此构成持有人委托发行商代其结算的委任关系。根据这种合同关系，发行商同意持有人利用其电子货币系统，有义务为持有人提供能够安全运转的电子系统，持有人有义务接受利用该系统技术规则及其运作的最后结果。不过，由于持有人与发行商之间存在买卖关系，持有人获得的电子货币已归其所有，发行商仅代其保管而已。持有人与卖方或服务提供者达成电子货币支付的合意后，实质是要转移电子货币的所有权，要求发行商协助转移并承认卖方或服务提供者为新的所有者。[2]

（二）终结性

同电子货币特点最为相近的是本票，因为电子货币从特性

---

〔1〕 Federal Deposit Insurance Corporation General Counsel's Opinion No. 8：Stored Value Cards，http：//www. fdic. gov/deposit/insurance/ rule. html，2001年5月26日访问。

〔2〕 侯向磊："电子支付法律问题研究"，武汉大学2003年博士学位论文。

来看是替代现金的支付工具，但同时又是私人机构发行的支付工具，这两个特点同本票都非常类似。因此，本票的终结性规则应适用于电子货币交易。电子货币转移完成的后果是持有人的金钱义务终止，即持有人和特约商户之间的义务解除。如果出现意外情况，如电子货币发行商在此期间破产，特约商户只能承担由此造成的损失，而不能再向持有人追索。现代卖方或债权人可以接受的支付形式有多种，如现金、支票、信用卡、借记卡、电子资金划拨或其他形式。每一种支付形式的方便程度、费用和风险均不同。卖方或债权人接受电子货币是因为方便或在商业上具有合理性，并因此未坚持使用其他支付方式。考虑到这种情况，我国未来立法亦可以确定，如果选择电子货币作为交易媒介，必须承担发行商破产风险。

（三）权利异议与伪造电子货币中的问题

假设在某一阶段，电子货币未经权利人同意就转让给了另一个人。因此，转让人可以要求撤销交易并追回电子货币。还有，权利人可能自愿转让，但他人在转让人持有电子货币时获得了质权或其他利益，并试图向受让人主张这些权利，此时，有人可能对受让人持有的电子货币提出异议。如果受让人接受电子货币时支付了对价且不知道存在权利争议，权利人提出异议肯定会失败，除非能够证明受让人持有的电子货币与转让人先前持有的电子货币是“同一货币”，但这一点非常难以证明。即使成功地证明，一般认为不得向支付了对价且不知情的受让人提出异议。相信我国法院亦会适用该规则。

电子货币可能被伪造，例如持有人可能增加电子货币面值或转让复制的假电子货币并保留真电子货币。这些似乎是新技术带来的新问题，但 19 世纪的银行券亦经常被伪造。处理该问题的基本规则早已确立，即使用伪造银行券不构成有效付款。如果由于未能及时对转让人提起诉讼或因疏忽未能在转让时发现伪造，则丧失权利。如果由于安全措施不充分导致发行银行赎回伪造的电子货币，则发行银行不得追偿。如果当事人选择电子货币，并在电子货币系统采取足够的安全措施后接受电子货币支付，有关伪造银行券判例规则中的勤勉原则禁止事后主张电子货币系伪造[1]就可以被适用。上述规则具有合理性，因此我国未来立法亦可确立伪造电子货币原则上不构成有效付款，但如果权利人不及时主张或有疏忽，则丧失权利。

（四）赎回义务

欧盟委员会《电子货币指令》草案将电子货币是否可以赎回的问题留给了发行商与使用者之间的合同。但欧盟中央银行《电子货币报告》坚持认为，电子货币的可赎回性是最低要求。在持有人提出要求时，发行商负有以中央银行货币平价赎回电子货币的法律义务。如果发行商只有义务赎回零售商而拒绝赎回持有人持有的电子货币，在发行商出现财务问题时，零售商只会接受折扣后的电子货币。此时，私人货币的交易媒介功能和价值储藏功能与公众要求货币具有的计价标准功能出现背离。而且，如果电子货币不与中央银行货币紧密相连，发行商可能会无限制地发行电子货币，这将产生通货膨胀压力。因此，必须从法律上要求电子货币以平价赎回。在欧盟中央银行的坚持下，赎回义务最终被

---

〔1〕 James Rogers, "The New Old Law of Electronic Money", *SMU Law Review*, 4 (2005), 1259.

纳入《电子货币指令》。为了避免电子货币影响货币政策，维护货币充当经济交易价值尺度的功能及维护持有人对电子货币的信心，我国也应要求电子货币发行商负有赎回义务。电子货币赎回时的收费不得收取超过执行赎回操作的费用，最高不超过10元。

三、电子货币公法问题

（一）立法宗旨

借鉴欧盟及其成员国的经验，笔者认为可以确立以下四项立法宗旨：[1]

1. 明确相关法律要求并促进电子商务的发展。我国尚无任何法律专门规范电子货币，因此无法回答以下一系列问题：非银行机构能否发行电子货币？非银行机构发行电子货币是否可以豁免监管？发行电子货币的非银行发行商业务是否应有限制？发行电子货币的非银行机构所进行的投资是否应有限制？等等。专门立法能确立“非银行电子货币发行机构”的法律地位，并建立审慎监管框架。因此，电子货币立法能带来法律上的确定性，以鼓励新人进入市场、鼓励竞争并促进电子商务的发展。

2. 避免阻碍技术创新。从长远来看，电子货币有可能在很大程度上取代现金，而以服务器或软件为基础的电子货币正在成为不断增长的互联网电子商务的支付工具。然而，严格的技术规则可能阻碍创新并限制竞争。因此，我国电子货币立法有必要提供一个协助电子货币充分发展，特别是避免阻碍技术创

〔1〕 Evaluation of the E-money Directive (2000/ 46/ EC): Final Report, http: // ec. europa. eu/internal -market/bank/e-money/index-eu. htm, 2006年8月15日访问。

新的监管架构。立法应采用技术中立的法律框架，即并不规定技术细节。界定电子货币时要求货币价值“存储在电子设备上”即可。立法应适用于所有电子货币而不管使用了何种技术，而且并不事先判断或排除适用未来可能出现的任何形式的电子货币。

3. 在发行电子货币的不同机构之间构建一个公平的竞技场。电子货币立法必须最大限度地在不同机构之间构建一个公平的竞技场，同时亦不能负担太重以至于阻碍新行业的发展。为确保公平竞争，银行适用的监管制度亦应以“合适的方式”适用于非银行电子货币机构。此时，“合适”意味着应与发行电子货币的特殊风险相称。与吸收存款相比，这种风险在大多数情况下要小得多。因此，我国电子货币立法应为非银行电子货币机构设计“更具有针对性”且“负担更少”的审慎监管规则。

4. 确保发行商财务稳健。我国电子货币立法应确保发行商财务稳健，并因此维护消费者的利益。可以考虑的规定有：非银行电子货币机构的业务范围限于发行电子货币并从事与此紧密相关的服务，而且不得提供任何形式的信用；投资限于确保金融债务在任何时候均有充分流动的低风险资产进行支撑；必须平价赎回电子货币并不得收取超过执行赎回操作的费用。

（二）发行商资格问题

电子货币流通的程度不同，对于构成法偿货币的钞票和硬币的影响亦不同。为保证中央银行发行法偿货币的地位，措施之一就是由中央银行自己发行电子货币。中央银行发行电子货币可采取以下两种方式：一种是中央银行自己发行电子货币，同时也允许私人机构发行电子货币；另一种是中央银行将电子货币发行权完全掌握在自己手中，这样的电子货币就成为完全的法偿货币。

就第一种方式而言，中央银行作为电子货币发行商同私人机构竞争，存在明显的不公平。这种带有牟利性的活动同中央银行的职能亦有冲突，因此这种方式是不可取的。不过，这种方式也不是不可能存在，例如 19 世纪中叶美国政府发行的“绿背钞票”和各家私人银行发行的银行券同时存在。直到 1933 年，美联储发行的钞票才成为唯一流通的法偿货币。

就第二种方式而言，已有新加坡宣布于 2008 年前将电子货币纳入法偿货币范围，但赞成与反对的声音此起彼伏。赞成者认为，将电子货币纳入法偿货币范围的好处在于减少处理现金的社会成本，遏制地下经济的发展，并提高电子货币的竞争力。反对者认为将电子货币纳入法偿货币范围会产生大笔制度转换成本，将某些社会弱势群体排除在法偿电子货币外，政府过度干预经济、侵犯隐私权并可能破坏人们已形成的某种安全感等问题。[1]

欧盟于 1994 年发布的《预付价值卡》报告书指出，存储在电子钱包中的资金应视为存款，因而只能由银行来处理。欧盟的主要理由在于可以维护小额支付系统的安全，有利于中央银行和被监管银行之间沟通信息。同时，代表电子货币的资金同银行存款没有本质区别。此外，电子货币还可以利用现有的银行清算系统。4 年后，欧盟中央银行在《电子货币报告》中更

---

〔1〕 L. Hove, Making Electronic Money Legal Tender: Pros & Cons, http://www.econ.cam.ac.uk/cjeconf/delegates/vanhove.pdf，2004 年 9 月 17 日访问。

明确地指出，为避免改变货币政策和银行业务的现有制度环境，有必要将电子货币发行限制在信用机构上。同时，欧盟中央银行亦认为有必要修正《第一银行协调指令》，以便将所有电子货币发行商纳入“信用机构”定义之中。这将为所有电子货币发行商提供一个公平竞争的环境，并确保每个发行商受到合适的审慎监管。事实上，根据欧盟的现有规定，发行电子货币的机构分为银行和非银行机构。

美国是目前反对将电子货币的发行权限制在银行手中的最主要国家。限制电子货币发行主体容易限制竞争，而电子货币作为技术创新的产物，需要不断创新，竞争是创新的一个保证。此外，美国反对限制电子货币发行机构还有两个重要原因：其一，美国智能卡的发展远远落后于欧洲国家；其二，美国的非银行机构能够得到比较有效的监管。同欧洲不一样，美国非银行机构发行电子货币带来的风险可通过有效监管来解决。首先，同银行有联系的非银行机构可根据联系程度由银行监管机构来加以监管；其次，如果非银行机构同银行没有联系，可适用各州的《货币汇兑商法》或《货币服务法》来监管。在美国，如果某一非银行机构从事旅行支票的发行或资金汇兑等业务，必须得到所在州的批准。如果非银行机构同银行没有联系，而又从事电子货币业务，这些州法也可作为监管依据。

由此可见，电子货币发行机构的选择取决于一系列因素，不仅涉及法律规定本身，而且还要考虑到电子货币的发展状况和本国监管体制。

由于我国《银行卡业务管理办法》将储值卡作为借记卡之一，而借记卡又属于银行卡之一，因而储值卡发行机构仅限于银行。1997 年发布的《支付结算办法》规定，未经中国人民银行批准的非银行金融机构和其他单位不得作为中介机构经营支付结算业务，但法律、行政法规另有规定的除外。因此，银行是支付结算的中介机构，非银行机构一般而言不能作为支付结算的中介机构。这意味着电子货币作为一种支付工具，发行电子货币也应由银行作为主体，非银行机构不能作为发行人。但法律也并没有完全禁止非银行机构发行电子货币。从政策角度考虑，笔者认为我国宜采取以银行作为电子货币发行主体，但留有适当余地的做法。其一，现行银行法体系比较严格，但同时又具有灵活性，可以比较容易地将银行法体系适用于电子货币发行主体。将现有银行法体系适用于电子货币发行主体，将有助于支付系统的稳定。我国《商业银行法》将银行界定为吸收公众存款、发放贷款、办理结算等业务的企业法人。根据支付结算的定义及银行作为支付中介机构的要求，也很容易认定银行具有发行电子货币的权利。其二，由于我国法律为非银行主体作为电子货币发行商留有余地，监管机构可以考虑在适当的时候，允许非银行机构发行电子货币。时机是否成熟取决于我国信息和通信产业的发展程度和中央银行的监管能力。可以采取的办法包括像欧盟一样，允许信息产业企业同银行合作、联合开发；或像美国一样，实行个案审批，但要求与银行进行合作或股权投资；或部分采用英国做法，专门针对银行之外的电子货币发行商建立相应规则。

（三）监管问题

1. 基本问题。欧盟中央银行不仅认为有必要通过立法来监管电子货币，而且在《电子货币报告》中进一步提出，在发展初期实施监管能产生积极影响。因为监管有助于减少电子货币方案的失败，而后者会损害客户和特约商户对该支付工具的信心。而且，如果在大量电子货币产品发展起来后才设计监管框架，则可能被要求作重大修改或对当事人带来重大限制，由此产生的成本可能威胁到这些电子货币产品的生存。此外，电子货币方案开发越早，缺乏监管而产生的风险就越大。因为电子货币产品成形后，往往难以改变。在我国，中国人民银行认为有必要制定针对卡基电子货币和网上支付的规章。

我国应建立何种监管体制是一个值得探讨的重大问题。大多数欧盟成员国并未为电子货币机构建立一套独立的规则，并倾向于要求其遵守适用于传统信用机构的所有规则。此体制不足之处在于针对性不强，而且对电子货币机构而言可能太严厉。与此相反，英国金融服务局为电子货币发行商制订了专业手册，电子货币机构必须遵守的一系列规则包括审慎经营规则均可以在手册中找到，这在很大程度上是由于主管机关和电子货币业持续对话的结果，这一做法并被认为对监管者和行业本身均有利。从我国目前情况来看，未来电子货币发行主体将主要是银行，非银行金融机构甚至非金融机构仅有可能以个案批准的形式获准发行电子货币。因此，专门针对非银行电子货币发行商制定一套监管规则的可能性不大。然而，针对电子货币机构的特殊问题制定某些具有针对性的规则完全有可能，也应该这样做。

另一个值得探讨的重大问题是我国是否应建立豁免体制。欧盟《电子货币指令》规定，符合下列条件之一的电子货币机构豁免适用指令之部分或全部规定：①未偿电子货币余额通常不超过 500 万欧元并从不超过 600 万欧元；②电子货币只被子公司、母公司或姐妹公司所接受；③电子货币只被为数不多的企业接受，而它们有同一住所或位于有限的区域内。此外，基础合同必须规定，电子货币中的最大存储金额不得超过 150 欧元。

豁免体制的实施在欧盟成员国中差异很大，这不仅体现在豁免条件和授予豁免的程序上，而且还体现在可以豁免适用的规定上，甚至还有 6 个成员国未建立豁免体制。运用最广泛的豁免条件是浮存额限制。未采纳该条件或降低门槛很可能实质性减少了小规模电子货币方案对豁免体制的利用，而它们可能又不符合接受机构或地理限制这两个豁免条件。至于豁免程序，自动授予豁免似乎会导致豁免的广泛使用，然而，英国和捷克的豁免机构相当多。这表明，如果申请程序非常简单快捷，正式申请程序并不必然构成利用豁免的障碍。在欧盟现有 72 家豁免机构中，66 家位于无条件地豁免适用指令及相关立法所有规定的国家。与此同时，在监管机关个案决定豁免适用哪些规定的国家中，迄今为止还没有一家机构获得豁免。这种程序很可能导致豁免申请程序耗费时日，不具有可预测性。

在我国，行政权力非常强大，行政机关可能也不太习惯于某些电子货币机构不接受监管。但是，为培育一个市场，必须对某些电子货币机构采取“不作为”态度。因此，笔者以为，我国亦应建立豁免体制、明确豁免条件，并要求豁免机构提交报告。对于豁免机构虽不能严加监管，但亦不能完全放任自由。虽然自动豁免可能导致豁免的广泛使用，但不利于监管机构及时了解情况。我国可以借鉴英国经验，建立一种非常简单快捷的申请程序，并不允许监管机关行使自由裁量权。至于是否豁免未来电子货币专门立法中的所有规定，我国宜规定豁免适用所有规定。当然，提交报告和信息披露除外。

2. 具体规则。

（1）资本要求。欧盟《电子货币指令》要求每一个发行商的初始资本至少有 100 万欧元。一旦开始营业，发行商必须确保自有资金在任何时候等于或高于 100 万欧元。总体而言，几乎所有欧盟成员国一字不差地采纳了指令中的初始资本和持续性自有资金要求。唯一发生变化的是初始资本，有 3 个成员国将其提高到 100 万欧元以上，如法国为 220 万欧元、希腊为 300 万欧元。大多数业内人士认为，指令要求 100 万欧元初始资本太高。尽管没有证据直接支持以上观点，但更高的初始资本很可能阻碍潜在申请人进入电子货币市场，这在希腊尤其如此，因为初始资本须以现金形式存入希腊银行，使得其更像担保。根据欧盟经验，我国将电子货币机构注册资本定为 100 万元人民币比较合适。考虑到美国未对货币汇兑商提出自有资金要求，我国亦可不提。

（2）业务限制。英国《电子货币专业手册》并入欧盟指令中的规定，即除发行电子货币外，发行商还可以提供与此紧密相关的金融和非金融服务，诸如通过提供与电子货币发行相关的运营和其他从属性服务来管理电子货币，发行和管理其他支付方式及代表其他企业或公共机构在电子设备上存储数据。我国未来立法亦只应允许非银行发行商从事电子货币发行、提供与此紧密相关的金融和非金融服务、数据存储业务。但我国宜保留一“兜底条款”以便主管机关认为在合适时增加新的业务，如通过电子手段传送的非金融服务等。

（3）小规模发行商。我国亦应建立豁免体制，因而应允许小规模发行商不受管制地发行电子货币。小规模发行商须满足下列条件之一：①电子货币未偿余额不超过 500 万；②电子货币只被关联企业接受；③电子货币只被拥有同一住所或有限的当地社区的人接受。此外，根据《电子货币指令》，小规模发行商还得满足一个条件，即电子货币中的最大存储金额不得超过 150 欧元。但欧盟成员国的受访者声称最大存储金额限制构成了一项主要负担，甚至对部分规模非常小的方案而言亦是如此。因此，我国未来立法时，可以适当调高金额限制，要求小规模发行商发行的电子货币最大存储金额不得超过 300 元。

小规模发行商应定期向我国主管机关报告电子货币发行活动，包括未偿电子货币余额，报告次数以每年 2 次为宜。我国主管机关在小规模发行商证书的申请与发放过程中可以不收取任何费用，至多收取证书工本费。如果主管机关认为小规模发行商不再满足证书发放条件，可以撤销证书。然而，如果违反条件是非故意的、暂时的或微不足道的，主管机关可以决定不撤销证书。如果小规模发行商违反信息披露规则，亦可以撤销证书。

（四）反洗钱问题

就电子货币中的反洗钱问题而言，将反洗钱法律适用于电子货币能解决大部分问题。但是，笔者建议采取下列措施以应对电子货币中的特殊问题：其一，要求发行商在电子货币交易中纳入某类中介机构。这意味着资金在转移时必须经过中介机构，因而可能获得交易记录并可由执法机构检查。其二，要求所有电子货币产品均能提供某种途径以便执法机构追查交易的来龙去脉，例如发行商应登记电子货币的持有者身份和地址，即识别客户身份。借鉴欧盟做法，如果电子货币工具不能充值且最大存储金额不超过 300 元，或可以充值但每一日历年最大交易金额为 5000 元，则可以不识别持有人。其三，设定严格的金额限制，譬如电子货币最大存储金额为 1000 元。通过支付媒介从事的交易金额越低，对犯罪分子的吸引力亦越低。其四，所有电子货币发行商均应提交报告以确保获得必要的监管信息。

网上支付中的民事责任研究[1]

资金能否在网上流动的关键在于是否存在合适的网上支付工具，是否存在合适的法律规则分配网上支付风险。到 2000 年为止，在美国互联网商业中，绝大多数零售业使用信用卡。此外，还有少量互联网交易使用借记卡。[2]在英国和澳大利亚，除使用银行卡外，尚有少量互联网交易使用电子货币。[3]网上支付中的最大风险是安全风险，从法律角度来看，在安全风险不可能消除时，建立一套合适的风险分配机制有利于网上支付及电子商务的发展。由于电子货币可以通过最高限额控制风险，因此本文仅涉及银行卡。

一、银行卡风险承担机制之经济分析

持卡人网上使用银行卡时最担心的问题是未获授权使用，如黑客截获银行卡账号并破解密码后使用。当一笔资金从持卡人账户中被提出并落入非预定接受者之手时，肯定性错误随之发生。非预定接受者可能是发起错误支付的盗贼或无辜的当事人。这种错误的直接损失是从账户中被提走的资金，通常为支

〔1〕 原文刊载于《法学论坛》2007 年第 5 期，全文转载于人大复印资料《民商法学》2007 年第 12 期。基金项目：本文是中国法学会重点课题“网上支付中的法律问题研究”（会研字［2003］3 号）成果之一。

〔2〕［美］简·温、本杰明·赖特：《电子商务法》，北京邮电大学出版社 2002 年版，第 173 页。

〔3〕 See Survey of Developments in Electronic Money and Internet and Mobile Payments, 2004, available at http：www. bis. org.

付工具的面额。因此，对于肯定性错误而言，损失金额很容易确定，问题是如何分配已知损失。

有时，银行是唯一可以采取预防措施的当事人。有时，持卡人可能是唯一可以采取预防措施的当事人。当损失源自持卡人授权使用存取工具但遭滥用时，亦应主要由持卡人采取预防措施。假设持卡人将卡片交给另一当事人并告知密码，指示后者用卡不能超过一定限额但后者用卡时超过限额，这几乎等同给予某人空白支票。此时，由持卡人采取预防措施以避免损失的成本几乎为零。另一方面，由银行采取预防行为非常困难，因为持卡人已自愿让违法作恶者规避了银行提供的保护措施。当然，可以进行技术创新，但持卡人这类行为亦会限制其效率。由于所涉行为是有意的、自愿的，持卡人可能对责任规则作出反应。因此，损失减少规则倾向于由持卡人承担损失。然而，这种结果与损失分散原则直接冲突，后者继续倾向于由银行承担责任，原因在银行很容易分散损失。

大多数案件可能远远没有上述例子明显，原因在于银行和持卡人均可采取预防措施。例如，持卡人只要小心谨慎就可避免遗失借记卡而产生损失，银行可在卡片的设计上进行技术创新而减少损失。虽然持卡人遗失卡片难以避免，但当然可以避免将密码写在卡上。因此，持卡人可能会被认为是最便宜的损失避免者，因为只要不粗枝大叶即可。

然而，该论点忽视了技术创新及其结果。在减少信用卡和借记卡损失这一问题上，密码只是技术创新的起点而不是终点。研究人员正在开发一系列新颖的身份识别工具，部分工具依赖生理特征，诸如指长、签字速度和力量、掌纹和声纹，而其他工具依赖与密码相似但已有所改进的编码系统。这意味着对于持卡人采取更多预防措施可以避免损失的情形，银行同样有能力避免损失。

因此，对于大多数肯定性错误，双方都可能采取预防措施。持卡人几乎总能采取某些预防措施，而对于促使其采取预防措施的责任规则至少会作出部分反应。但银行通常可采取其他预防措施，并且进行技术创新可进一步减少损失。因此，对于肯定性错误，有效率的法律规则是让每一方承担足够责任以促使其采取符合成本效益原则的预防措施，即每一单位开支会最大限度地减少损失的预防措施。此外，如果损失不可避免，法律必须有效率地分散损失，必须确立使损失执行成本最小化的简单规则。

解释这种规则的起点是，应在持卡人有能力采取预防措施时提供避免损失的部分动力。但反应因素表明存在一个最佳责任点，超过该点即使责任增加，持卡人不会再采取更多的损失避免行为。超过该点应由银行承担全部损失，因为银行能分散损失并开发新的技术以抵消本身及持卡人粗枝大叶而产生的损失。损失执行原则表明应设立固定金额的责任限制，持卡人和银行都应严格承担所分配的部分损失。因此，对于双方均可采取预防措施的肯定性错误，经济上有效率的规则是持卡人只需要承担限额责任。持卡人严格承担限额以下的责任，而银行严格承担限额以上的责任。我们称之为“持卡人限额责任”规则。

在绝大多数案件中，双方均可采取预防措施，因而将适用“持卡人限额责任”规则。在制定这种法律规则时，将责任限制确定在有效率的水平上是一个主要问题。美国联邦法律中的各种限额显然是猜测和政治妥协的结果。采用更为合理的方法需要获取市场数据或由市场产生的经验数据。如果经验证据表明，持卡人采取的预防措施根本不是对责任的反应或缺乏弹性，那么经济学原则将倾向于由银行承担严格责任；如果经验证据表明恰恰相反，必须面对将责任限额准确地定在何处这个难题。

由于现在无法获得相关数据，我们只能推测某些可能的选择。也许持卡人对法律确定的支付损失分配规则无任何反应。该主张并不奇怪，持卡人可能根本不知道责任规则，但因避免承担责任之外的原因而采取预防措施。持卡人可能根本不会对责任规则作出反应这一点表明，银行对所有肯定性错误带来的损失应承担严格责任，或持卡人责任的法律限制应定在名义责任之上。

另一种可能是，持卡人采取的预防措施与责任规则之间具有部分弹性。为作出反应，持卡人需要知道法律将某些支付损失已分配给他，而且不能严重低估损失发生的可能性。如果存在以上情况，将责任限制提高到象征性责任以上将大大减少损失并使持卡人采取更多预防措施。然而，随着责任的增加，持卡人采取预防措施的增长速度在递减，即持卡人采取预防措施并未有多少增加，不能分散的损失越来越多，这给持卡人带来的压力亦越来越大。此时，最佳的责任规则是将持卡人责任限制在一个数量较大但又不太多的金额上。该规则模仿大多数私人保险合同的做法，因为持卡人对最初损失承担严格责任直到某一限额为止与保单中的免赔额相似，而银行应对超过限额的损失承担严格责任。[1]

---

〔1〕 See Robert Cooter & Edward Rubin, "A Theory of Loss Allocation for Consumer Payments", *Texas Law Review*, 66 (1987), 112 ~ 135.

二、银行卡风险承担机制之比较

根据我国《银行卡业务管理办法》，如果借记卡遗失或被盗，持卡人承担挂失手续办妥前的全部责任。这意味着持卡人对借记卡挂失手续办妥前的未获授权使用承担“无过错责任”。该办法对信用卡未获授权使用无规定，因此信用卡发卡银行可在章程或协议中自由地“约定”挂失责任及丢失密码的责任，法律对此并无任何限制。

根据中国人民银行于2005年发布的《电子支付指引（第一号）》，因银行原因导致客户资料信息被泄露或篡改的，造成客户损失，银行只有止损、通知和协助义务而无赔偿责任；未获授权使用，银行亦不承担责任。客户承担了所有电子支付风险，指引对其责任无任何限制，而客户责任建立在“无过错责任”之上。〔1〕

依据中国银行发布的《长城人民币信用卡章程》，挂失手续办妥之前、办妥之后当天和次日发生的未获授权损失均由信用卡持卡人承担。《长城国际卡“网上信用卡服务”用户条款》规定，持卡人必须妥善保管网上信用卡服务的个人密码及用户名称，并对使用该密码及用户名称所进行的所有活动负全部责任。根据以上规定，不论持卡人是否有过错均须承担责任，这

〔1〕 单笔支付金额和每日累计支付金额限制有助于减少客户损失。《电子支付指引（第一号）》规定，银行通过互联网为个人客户办理电子支付业务，除采用数字证书、电子签名等安全认证方式外，单笔金额不应超过1000元人民币，每日累计金额不应超过5000元人民币。

种责任建立在“无过错责任”之上。[1]而《长城国际信用卡申领合约（个人卡）》规定，除非持卡人能够提供有效、真实的相反证明，所有记录即视为持卡人使用国际卡的记录，持卡人应承担由此产生的欠款。该规定表明，举证责任由持卡人承担。

英国《银行业守则》规定，在持卡人的信用卡遗失或被盗或有人获悉密码通知银行前，对于信用卡被盗用所造成的损失，持卡人最多承担50英镑的责任。在持卡人无需亲临现场就能完成的交易中，即远程交易中，如果有人未获持卡人授权而使用其信用卡，持卡人无需承担任何责任。如果持卡人使用借记卡“未能尽到合理注意”[2]并由此导致了损失，持卡人可能要承担责任，而信用卡中无此规则。不过，如果持卡人的行为不构成重大过失，持卡人无需承担责任。根据以上规定，英国持卡人对于信用卡未获授权使用需要承担“无过错责任”，但享有“责任限制”。远程使用信用卡无需承担任何责任，即“无责任”。借记卡持卡人原则上亦享有“责任限制”，但如果持卡人存在过错，则不享有“责任限制”。

依据《信贷诚实法》和美联储《Z条例》，持卡人对未获授权使用信用卡负责必须满足下列条件：①持卡人已接受信用卡；②责任不超过50美元；③发卡机构就潜在责任向持卡人发出过

---

〔1〕 中国银行在银行卡章程和协议中还规定，持卡人有保管义务、通知义务、对账单审查义务、签名义务，禁止转借、转让、出租银行卡及一切违反章程的行为。一旦违反这些义务即认定持卡人存在“过错”，并承担由此产生的“过错责任”。

〔2〕 持卡人应尽的合理注意有：不将支票簿和借记卡放在一起；不允许任何人使用卡、密码、口令或其他安全信息；应谨慎选择新密码；牢记安全信息；不将安全信息写在纸上或记录下来；采取合理步骤确保信用卡安全；保证信用卡收据安全并谨慎处理；不将账户细节或安全信息透露给任何人。

说明通知；④发卡机构向持卡人说明了在信用卡丢失或被盗窃时通知发卡机构的方法；⑤未获授权的使用发生在持卡人就信用卡丢失或被盗通知发卡机构前；⑥发卡机构提供了一种技术方法，依该方法持卡人可确认其就是已获授权使用该卡之人。如果持卡人声称一项收费未获授权，发卡机构有责任证明以上每项条件均已满足。由此可见，美国持卡人对于信用卡未获授权使用需要承担“无过错责任”，但享有“责任限制”。而且，一旦发生争议，举证责任由发卡机构而不是持卡人承担。

《电子资金划拨法》及美联储《E 条例》规定，持卡人对借记卡未获授权使用的责任限制应分为三种情形且分段计算：①如果持卡人在获悉借记卡遗失或被盗之日起 2 个营业日内通知发卡机构，责任限额为 50 美元；②如果持卡人在获悉借记卡遗失或被盗之日起 2 个营业日内未通知发卡机构，责任限额为 500 美元；③如果持卡人在发卡机构将定期对账单传送之日起 60 天内未报告未获授权的电子资金划拨，则无责任限制。根据以上规定，持卡人对借记卡未获授权使用原则上需要承担“无过错责任”，但享有“责任限制”。不过，在例外情况下不享有“责任限制”。

澳大利亚《电子资金划拨行为法》规定，如果发卡银行能证明持卡人的欺诈或疏忽是损失发生原因，或在知晓支付工具发生滥用、遗失或被窃或密码的安全性遭破坏后不合理的迟延通知是损失原因，持卡人应承担通知发卡银行前发生的损失。如果持卡人不存在欺诈或疏忽或不合理的迟延通知且未获授权交易需要密码，持卡人最多承担 150 澳元的责任。在决定持卡人应否承担责任时，须考虑所有合理证据，包括所有发生的交易之合理解释。以上规定说明澳大利亚在银行卡责任承担问题上未对借记卡和信用卡作出不同规定，而是统一适用相同规则。如果持卡人不存在疏忽或未有不合理的迟延通知行为，持卡人需要承担“无过错责任”，但享有“责任限制”。然而，如果持卡人存在过错，则不享有“责任限制”。

三、我国银行卡风险承担机制之完善路径

我国银行卡立法的效力层次不高，对持卡人的保护力度很不够。行政规章要求借记卡持卡人承担挂失前的全部风险。《电子支付指引（第一号）》的规定基本相同，甚至规定因银行过错而导致持卡人损失，银行无赔偿义务。中国银行制定的格式合同更是让持卡人承担信用卡挂失前、挂失当天及次日的全部风险，不公平性昭然若揭。

民事责任归责原则主要有过错责任、推定过错责任、无过错责任和公平责任。如果银行卡支付适用过错责任，并由持卡人举证银行有过错，由于银行卡支付基本上是小额支付，持卡人无动力起诉银行。即使举证责任转移由银行承担，如果仍要持卡人主动起诉，考虑到要缴纳诉讼费、律师费，持卡人亦要投入时间和精力，持卡人仍有可能无动力提起诉讼。再假设法律规定持卡人胜诉后，可能获得诉讼费、律师费和必要补偿，法院审理案件的成本可能超过诉讼收益。对整个社会而言，这种制度设计仍将无效率。如果法律规定持卡人一旦提出银行卡支付未获授权，银行就有义务更正错误，银行就必须通过诉讼来主张该项支付已获授权。这种制度设计虽然解决了持卡人提起诉讼动力不足的问题，但同样基于成本效益考虑，银行可能不会起诉持卡人，而且还可能产生持卡人的道德风险问题。银

行很可能通过提高收费的方式将风险转嫁给全体持卡人，或通过保险将风险转嫁给保险公司。即使银行起诉持卡人，诉讼收益与银行、持卡人及法院在这种案件中所耗去的成本相比将是微不足道的。不论银行目的如何，这种诉讼对于整个社会而言不宜鼓励。

如果银行卡支付适用推定过错责任，首先要解决的问题是推定银行还是持卡人存在过错。如果持卡人或银行存在明显过失，推定其存在过错未尝不可。但如果持卡人或银行的过错不明显，则需要证明哪一方存在过错成本巨大。而且，哪一方要证明对方存在过错都不容易甚至不可能，这导致持卡人或银行主张权利的动力不足。更何况有时持卡人或银行均不存在过错。适用推定过错责任无法解决此时产生损失的责任承担问题。即使能解决推定谁存在过错问题，只能起到举证责任转移的效果。推定过错责任亦难以解决持卡人或银行起诉动力，当事人过错证明，当事人及法院诉讼成本，诉讼成本大于诉讼收益等问题。因此，适用过错推定责任对于整个社会而言仍然是无效率的制度设计。

如果银行卡支付适用公平责任，首先需要有持卡人或银行提起诉讼。然而，由于银行卡支付基本上为小额支付，不论最初损失是由持卡人还是银行承担，他们提起诉讼的动力都不足。即使有持卡人或银行起诉，法院需要考虑何谓“公平”。这需要法院作大量事实调查并综合考虑各种因素，由此导致法院诉讼成本巨大。因而即使适用公平责任，也难以解决持卡人或银行主张权利的动力，更难以解决当事人及法院需要花费较多诉讼成本的问题。这种制度设计对于整个社会而言还是无效率的规则。

如果银行卡支付适用无过错责任，即严格责任，首先要解决的问题是由谁承担严格责任。由银行承担严格责任可强而有力地保护持卡人，但如果持卡人不承担任何责任，恐怕会放纵持卡人的疏忽行为。如果由持卡人承担严格责任，无论从法理上，还是从促进经济发展，达到最高经济效率上来说，绝对不合适。我国银行卡持卡人在报失前要承担全部损失，这意味着持卡人承担“严格责任”，但这只是现行行政规章和发卡银行的规定。这些规定体现在发卡银行制定的格式合同中，属于一种格式免责条款。

从其他国家或地区法律规定来看，银行卡持卡人一般承担“无过错责任”，但同时享有“责任限制”。就信用卡而言，英国、美国、澳大利亚均规定持卡人需要承担“无过错责任”，但同时享有“责任限制”。英美两国不考虑信用卡持卡人是否有过错，一律适用享有“责任限制”的“无过错责任”。但是，澳大利亚法律规定，如果持卡人存在过错，则不享有“责任限制”。这意味着持卡人此时需要承担“过错责任”。然而，正如以上所述，银行卡支付适用过错责任会产生种种问题，这是一种无效率的制度设计。因此，我国信用卡支付责任规则不宜借鉴这些国家的规定，而在例外情况下适用过错责任。

值得一提的是，英国持卡人在远程使用信用卡时不需要承担任何责任。这亦是欧盟《远程货物销售指令》的要求，说明在所有欧盟国家都是如此。该制度设计富有效率，所有损失由银行承担。此时不会产生任何争议，也无需通过诉讼来解决损失分担问题。然而，银行肯定会将损失以提高收费的形式转嫁给持卡人，或以投保的形式转嫁给保险公司。这样，持卡人最终仍需承担部分损失。最大问题在于，如果持卡人不承担任何责任，恐怕必然放纵持卡人的疏忽行为，并导致对持卡人的过度保护。远程使用信用卡，特别是通过开放式网络如互联网使用信用卡风险很大，由银行承担所有风险意味着其必须为持卡人的粗枝大叶行为“埋单”。因此，我国信用卡支付责任规则不宜借鉴英国及欧盟的此项规定。

就借记卡而言，英国、澳大利亚法律规定基本一致。如果持卡人不存在过错，则需要承担“无过错责任”但享有“责任限制”。然而，如果持卡人存在过错，则不享有责任限制。但是，美国法律规定有所不同。持卡人获悉借记卡遗失或被盗之日起 2 个营业日内通知发卡机构享有 50 美元责任限制，未在此期间通知享有 500 美元责任限制，但在对账单传送之日起 60 天内未报告未获授权的电子资金划拨，则无责任限制。由于该规则过于复杂，我们也不宜借鉴。而且，如果持卡人要在对账单传送之日起 60 天内报告，则必须审查对账单。这意味着持卡人有义务审查对账单。不过，对持卡人课以对账单审查义务并不一定合适，英国、澳大利亚借记卡持卡人无此义务，而英国、美国和澳大利亚信用卡持卡人亦无此义务。持卡人审查对账单的真实动机可能不是旨在避免责任，而是为保持账户可用，或审查是否存在应由银行承担责任的错误。笔者以为，无论从保护持卡人权益角度，还是从成本与效益角度，在银行卡法律制度中，不宜确立持卡人负有对账单审查义务。

值得探讨的问题是，借记卡要不要保留持卡人有过错时无责任限制这个例外。英国、澳大利亚均承认这个例外，但美国不承认。这个例外实质上适用了民法中的过错责任原则，但正如以上所述，银行卡支付适用过错责任会带来种种问题。因此，笔者认为银行卡支付中不宜保留这个例外。这一来，借记卡支付责任规则与信用卡支付责任规则都适用享有责任限制的无过错责任，即“限额责任”。这是一种行之有效的制度设计。持卡人需要承担一定责任以促使其保持必要的谨慎。而银行需要承担限额以上的责任，亦可促使其谨慎处理持卡人的支付指令，为其研发更好的技术以防止欺诈提供动力。

英国、澳大利亚在银行卡法律制度上采用合并立法体制，而且澳大利亚在具体规则上亦未对借记卡和信用卡作出区分。在美国，银行卡法律制度采用分别立法体制，并且信用卡持卡人享有的责任限制较低，而借记卡持卡人区分不同情况分别享有 50 美元、500 美元责任限制或无责任限制。

有美国学者就指出：其一，以功能不同为据而区分信用卡和借记卡，理由并不很充分。两者具有类似功能，而分担损失风险亦具有相同目标，即促使各方采取符合成本效益原则的预防措施。其二，在一个信用卡只为具有经济优势地位的人拥有的社会，区分信用卡和借记卡可能产生社会成本和政治成本。其三，由于可以推定信用卡和借记卡持卡人之间在社会地位和经济地位上存在差异，大多数国家的借记卡使用人很可能是不太老练的持卡人，因此在出现欺诈等情况时更需要获得救济与保护。[1]

---

〔1〕 See Arnold Rosenberg, “Better Than Cash? Consumer Protection and the Global Debit Card Deluge”, *Columbia Journal of Transnational Law*, 44 (2005), 520.

笔者认为，分别立法体制不利于降低立法成本，导致相关规则不统一，并在持卡人中间产生混乱。更为重要的是，从保护持卡人权益角度而言，借记卡一旦发生风险，持卡人蒙受的损失并不见得比信用卡风险小。因而，我国不宜借鉴分别立法体制，亦不宜为借记卡和信用卡制定不同的规则。笔者建议，我国《银行卡条例》，甚至未来银行卡法律继续采用现行行政规章中的合并立法体制，并为借记卡和信用卡制定相同的责任规则。由于信用卡和借记卡直接与持卡人账户相连，对于持卡人来说，风险比较大，设立相对比较低的责任限额比较合适。就中国目前情况而言，笔者认为，银行卡未获授权使用时持卡人承担责任限额在 1000 元内比较合适。

有的学者指出，若第三方欺诈或假冒付款人名义，只要银行能证明其在安全程序上是合理可靠的，名义付款人需对无权支付命令承担责任。〔1〕尽管有的学者认为，在价值取向上，有关法制应注意对持卡人，尤其是个人持卡人的保护，但又认为法律分配风险时应向银行作倾向性的保护。〔2〕这些学者对持卡人保护问题并未给予足够的注意。

如何平衡银行与持卡人的利益是一个需要仔细考虑的问题。网上支付的最大风险是安全风险。尽管有了安全电子协议与安全套接层协议，但谁也无法保证黑客或罪犯不能从网上截获有关支付信息。有的计算机专家就指出，没有完美的计算机安全，

---

〔1〕 蒋志培主编：《网络与电子商务法》，法律出版社 2001 年版，第 419 ~ 420 页。

〔2〕 王心艳、李金泽："完善我国网上银行业务有关法制的思考"，载《法学》2001 年第 4 期。

安全不是一个目标而是一个追求过程。[1]持卡人的力量是渺小的，机构的力量是强大的。让持卡人承担全部风险反而会使电子商务及网上支付举步维艰，安全技术得不到迅速发展，而相关保险业务亦无法发展起来。因为，如果持卡人认为网上支付是不安全的，或会给自己带来无法预料的损失，就不会或少从事网上交易或网上支付。因此，明智的做法是让银行及商家承担因未获授权交易而产生的大部分甚至全部风险。

四、完善我国银行卡风险承担机制之具体建议

从长期目标来看，我国银行卡责任规则应建立在有责任限制的无过错责任之上。银行卡未获授权使用时持卡人承担的责任应限制在 1000 元以内，至于超过限额以上的损失由发卡银行承担。

从中期目标来看，我国银行卡责任规则应兼采无过错责任和过错责任原则。无过错责任应设立限制，而责任限制与长期目标中的责任限制一致。如果持卡人存在过错，则不享有责任限制，但应由银行举证证明持卡人有过错。除举证责任由发卡银行承担外，关键在于确认哪些情况下持卡人有过错。银行卡遗失或被盗或密码泄露不见得就能认定持卡人存在过错，因为任何持卡人无法保证银行卡或密码绝对安全。英国、澳大利亚主要将因持卡人不慎而导致密码泄露认定其存在过错。笔者建议，发生下列情况可认定持卡人存在过错：①因行为不慎而导致密码泄露者；②未在信用卡上签名导致第三人冒用者；③出

〔1〕 See Randy Gainer, “A Cyberspace Perspective: Allocating the Risk of Loss for Bankcard Fraud on the Internet”, *John Marshall Journal Computer & Informatlon*, 15 (1996), 44.

租、转让、转借银行卡者；④银行卡遗失或被盗后怠于通知者；⑤办理挂失手续后，未提出发卡银行请求的文件、拒绝协助调查或有其他违反诚信原则者。此外，还可以确认持卡人有义务审查对账单并报告未获授权交易，并规定对账单传送之日起 60 天内仍未报告者，发卡银行有权认为账单正确无误。

从近期目标来看，由法院运用《合同法》和《消费者权益保护法》来解释银行卡章程、使用规定及领用合约中的格式条款，对部分条款作限制解释，并宣布部分条款无效。[1]例如，一些银行规定，对于电话挂失只协助防范，不承担任何责任。其实，电话挂失与书面挂失在本质上都是当事人要求挂失的明确意思表示。因此，只要银行接到挂失请求，就负有立即止付，确保持卡人财产安全的义务。中国银行要求个人卡自递交“注销卡申请书”之日起 45 天内，仍应继续承担被注销卡产生的债务或风险损失。该条明显加重了持卡人的责任，属于银行单方面制定的不公平规定，旨在将不合理风险转嫁给持卡人。中国银行规定，违反章程及个人卡使用规定而产生的一切后果均由持卡人负责。中国银行要求持卡人承担一切责任显然是不公平的，因为中国银行可能也存在过错，如未履行信息披露义务或告知义务。中国银行还强调，任何情况下都不会对未能传输或删除资料、未能传送或储存信息承担任何责任。这明显属于中国银行制订的免除其责任的“霸王条款”。以上规定因违反《合同法》和《消费者权益保护法》，法院应宣布这些条款无效。

---

〔1〕 钟志勇：《跨国银行总行与海外分行法律关系论——政治风险之下责任承担机制研究》，中国方正出版社 2005 年版，第 161 ~ 162 页。

中美电子支付服务争端案及其启示[1]

2010年9月，美国提起世贸组织磋商请求，指控中国与电子支付服务有关的措施违反其在《服务贸易总协定》（以下简称《总协定》）中的具体承诺。专家组报告公布后，中方没有上诉。2012年8月，争端解决机制采纳该报告。根据中美协议，2013年7月底以前，中方将执行相关裁决。本文拟对该案[2]进行述评，并分析其启示。

一、电子支付服务的归类

中方涉案企业为银联，美方涉案企业为维萨、万事达等，关键点之一在于电子支付服务属于美方坚持的“所有支付和汇划服务”，还是中方认为的“金融资产清算和结算服务”。

（一）通常含义分析

美方认为，电子支付服务是涉及支付卡处理的交易服务，通过该服务参与机构之间的资金转移行为得以进行并完成。[3]中方认为，美方解释不正确，因为其不承认网络运营者并不向任何人“支付”或“转移资金”。专家组认为，“支付服务”的提供与支

---

〔1〕原文刊载于《吉林金融研究》2014年第3期。

〔2〕China - Certain Measures Affecting Electronic Payment Services, WT/DS413.

〔3〕美方进一步认为，电子支付服务直接或间接提供的系统通常包括：促进、经营和促成交易信息和支付流动的处理设施、网络及规则与程序，保证系统完整、稳定并减少风险；批准或拒绝交易的处理和协调，旨在完成交易或满足取现或资金转让；交易信息在参与机构之间的传递；相关机构就已授权的所有交易进行计算、决定并报告净头寸；促进、经营和/或以其他形式参与转移相互欠下的净支付额。

付行为不同，前者由支付双方之外的当事人或机构提供。不管谁提供支付服务并不实际进行“支付”，只是使付款人与收款人之间的支付得以完成。因此，支付服务提供者从事的是一种促进和促成支付交易的“服务”。支付服务包括“经营”“促进”和“促成”资金支付的服务。而“所有”旨在表明，支付服务包括所有必要服务，所有支付方式及所有相关商业模式。

（二）上下文分析

1. 支付和汇划服务之后的文字。“所有支付和汇划服务”之后还有“包括信用卡、赊账卡和借记卡，旅行支票和银行汇票”字样。美方认为，这表明电子支付服务是处理这些卡和其他卡基交易不可或缺的服务。中方认为，支付服务仅指银行和其他金融机构现金之外支付工具的发行与接受。而专家组认为，这些措辞规定了需要支付服务才能有效运作的各种工具，并明显表明支付服务是所列工具不可缺少的服务。信用卡等通常与电子支付服务提供者相关联。因此，列举证明“所有支付服务”指处理和完成支付卡交易必需的所有服务。

“银行汇票”之后还有“（含进出口清算）”字样。美方认为，明确使用“清算”一词表明支付服务包括结算和清算，而中方持反对意见。专家组认为，未出现“结算”一词并不表明银行汇票不需要结算。银行汇票在清算之前通常需要结算，种种证据也表明结算通常是清算的前置程序。因此，银行汇票之“结算”隐含其中。括号中的措辞仅仅使之明晰化，其实含义宽泛的“所有支付服务”已隐含结算和清算。

2. 支付和汇划服务的上级标题。“支付和汇划服务”列在“银行服务”之下。中方认为，支付服务不包括非银行服务提供者向银行提供的服务。美方认为，支付服务列在“银行服务”之下并不意味只能由“银行”或其他“被监管金融机构”提供。专家组认为，银行业务之通常含义并未表明“银行”必然是“银行服务”的垄断提供者。中方承诺表中就有“金融租赁公司”和“提供汽车金融的非银行金融机构”，这表明“银行业务”可由银行和非银行提供。因此，某些银行服务应可由其他金融机构提供。

3. 《总协定》之金融服务附表。中方认为，本案服务应归入附表“金融资产清算和结算，包括证券、衍生产品和其他流通票据”项下，而中方对此无承诺。美方认为，支付卡中的债权与“证券”“衍生产品”和“其他流通票据”的资产类型不同。专家组认为，提及流通票据表明此处金融资产的共性之一便是“流通性”。许多金融工具具有流通性，部分零售性工具也具有流通性，如银行汇票。塑料支付卡及其销售便条不是流通票据，因为其既不能转让，也不能上市交易，也就不能归入其他流通票据。从上下文来看，其他流通票据仅包括与证券和衍生产品具有相同特点的票据。旅行支票虽然具有流通性，但不属于此处提及的流通票据。事实上，投资工具与支付工具的结算系统有很大差别。中方承诺表下零售性支付工具并不属于此处提及的“金融资产”，因而支付工具，包括支付卡并不依此结算。附表将支票列为可交易工具也不意味着支票和其他支付工具依此结算。

4. 《总协定》之结构。关于电子支付服务的范围，美方认为，支付服务应包括与支付卡使用相关的“任何”服务，而中方认为，这种理解太宽泛且与业已确立的具体承诺表解释原则不符。专家组认为，根据《总协定》对“服务业”的界定和中国出版物和音像制品案专家小组的裁定，一“行业”可能包括该行业范围之下的任何服务活动。为完成一笔支付卡交易，至少包括“前端处理”（证实并授权）和“后端处理”（含结算和清算）。如果支付不能完成，则无“支付服务”。因此，即使未明确列举，上述服务活动亦必然被纳入。

关于电子支付服务不同组成部分由不同服务者提供是否意味着应作不同归类这一问题，美方认为，支付卡之电子支付服务是一项单一的、不可分割的服务。中方认为，本案服务之网络和授权部分通常由从事结算和清算之外的机构来承担，因而不同意美方说法。专家组认为，提供本案这种不可分割的服务之方式取决于一系列因素，包括商业模式、监管框架等。有些提供一项服务的所有组成部分，而有些只专注于其中的某一部分。某些组成部分可由不同服务商提供并不是作不同归类的充分理由。正是这些不同部分组合在一起才使支付得以完成，因此不同服务商提供一项服务的某一特定部分并不意味着该部分应归类为一项特别服务，或否定其为一项不可分割服务的组成部分。

（三）目的与宗旨分析

中方认为，美方解释导致“文字本身不能说明其含义”，这与《总协定》之安定性与可预见性相悖。美方认为，如果不将已获承认的一项不可分割的服务归入一个类别，则《总协定》序言要求的“逐步自由化”就会落空。专家组认为，将结合在一起能产生一项新的、不同的、不可分割的服务归入单一门类符合透明度原则。而且，通过协调电子支付服务分类与商业现实之间的关系，该解释强化了《总协定》具体承诺的可预见性、安定性和清晰性。因此，单一门类解释与逐步自由化目标亦相符。

二、涉案措施与市场准入

专家组最后认定的涉案措施有六项：①要求发行机构确保境内支付卡带有银联标识、符合统一标准并成为银联成员（“发行机构要求”）；②要求境内构成跨行网络的所有自动柜员机、商户处理设备和销售点终端都能受理银联卡（“终端设备要求”）；③要求收单机构加入银联、遵守其商业标准和联网通用技术细则并保证其运营或提供的终端设备都能受理所有银联卡（“收单机构要求”）；④要求银联而非其他服务提供者处理内地发行并在港澳使用或港澳发行并在内地使用的人民币卡清算业务（“香港/澳门要求”）；⑤强制使用银联和/或将银联确立为以人民币计价和支付的所有境内交易之唯一服务提供者（“唯一服务提供者要求”）；⑥禁止异地或跨行交易使用非银联卡（“异地/跨行禁令”）。[1]

---

〔1〕 ①关于印发《银行卡业务管理办法》的通知（银发〔1999〕17 号）；②关于印发《2001 年银行卡联网联合工作实施意见》的通知（银发〔2001〕37 号）；③《关于统一启用“银联”标识及其全息防伪标志的通知》（银发〔2001〕57 号）；④关于印发《银行卡联网联合业务规范》的通知（银发〔2001〕76 号）；⑤《关于进一步做好银行卡联网通用工作的通知》（银发〔2003〕129 号）；⑥《为在香港办理个人人民币存款、兑换、银行卡和汇款业务的有关银行提供清算安排的公告》（中国人民银行公告〔2003〕第16 号）；⑦《为在澳门办理个人人民币存款、兑换、银行卡和汇款业务的有关银行提供清算安排的公告》（中国人民银行公告〔2004〕第8 号）；⑧《关于边境地区受理和使用人民币银行卡有关问题的通知》（银发〔2004〕219 号）；⑨《关于内地银行与香港、澳门银行办理个人人民币业务有关问题的通知》（银发〔2004〕254 号）；⑩《关于促进银行卡产业发展的若干意见》（银发〔2005〕103 号）；⑪《关于规范和促进银行卡受理市场发展的指导意见》（银发〔2005〕153 号）；⑫《关于加强银行卡境外受理业务管理有关问题的通知》（银发〔2007〕273 号）；⑬《关于外商独资银行、中外合资银行开办银行卡业务有关问题的通知》（银监发〔2007〕49 号）；⑭《关于加强银行卡安全管理预防和打击银行卡犯罪的通知》（银发〔2009〕142 号）；⑮关于贯彻落实《中国人民银行、中国银行业监督管理委员会、公安部、国家工商总局关于加强银行卡安全管理、预防和打击银行卡犯罪的通知》的意见（银办发〔2009〕149 号）；⑯《关于规范银行外币卡管理的通知》（汇发〔2010〕53 号）。

（一）市场准入承诺

1. 跨境交付。美方认为，中方对“提供及转移金融信息”（以下简称“前者”）作出了跨境交付承诺，对支付也应理解为作出了承诺，而中方持相反意见。专家组认为，前者与“支付服务”不同，涉及不同服务提供者，因此不能构成支付之“因素”，而且美方解释难以与一项特定服务不应归入两个不同部门的原则相协调。因此，前者的跨境交付承诺并不导致“支付服务”也作出了跨境交付承诺。

2. 商业存在。中方认为，支付服务之商业存在准入限于“外国金融机构”，美方对此持相反观点。专家组认为，中方承诺表清晰表明，外国金融机构至少包括外国银行和财务公司，后者属于非银行金融机构。有些字典和参考书对金融机构的界定比较宽泛，足涵盖电子支付服务提供者。因此，外国金融机构指提供金融服务的外国机构、公司或其他商业实体。将外国金融机构解释为包括电子支付服务提供者与《总协定》的目标与宗旨并不矛盾，因而中方有义务允许其他成员国的电子支付服务提供者以商业存在形式准入。

（二）涉案措施与《总协定》第16条

美方认为，涉案措施确立了银联在人民币卡交易上的垄断和排他地位，因而违反中方在市场准入下的义务。中方认为，美方未能证明涉案文件采取了与《总协定》不一致的限制服务提供者数量的措施。专家组认为，只要贴上银联标识并能与其互联互通，涉案措施并不阻止非银联卡之发行或受理，也不阻止非银联标识卡在受理终端上使用。因此，涉案措施并未确立银联是人民币交易的排他或“唯一”服务提供者，也未广泛禁止非银联卡在“异地或跨行”交易中使用。以下仅讨论其他四项要求。

1. 发行机构要求，终端设备要求和收单机构要求。美方认为，涉案措施协助银联确立其市场地位的唯一性。中方认为，这三项要求与采取或维持以垄断或排他性经营为形式的市场准入限制无关。专家组认为，发行机构要求并未表明作为银联成员的发行机构不可加入中国其他网络，或符合银联标准的银行卡不得或不能同时满足其他网络的要求。终端设备要求也未阻止能在非银联网络上处理的银行卡的受理。收单机构要求亦未表明其不能受理非银联卡。上述措施并未对电子支付服务实施数量限制，即并未将银联确立为“垄断”或排他性服务提供者。

2. 香港/澳门要求。美方认为，该要求与中方市场准入义务不符。中方认为，美方指控无法律依据。专家组认为，《总协定》并无条文规定在一成员国设立机构的服务提供者不能“出口”服务或向位于成员国境内的外国居民提供服务。因此，外国服务提供者除受承诺表中已有限制外，可向位于任何地点的外国居民提供服务。考虑到中方承诺表对在华机构从境内向其他成员国提供电子支付服务并无特别限制，中方承诺不仅应包括在境内向客户提供服务，还应包括向位于其他成员国境内的客户提供服务。由于该要求只允许银联经营，一旦有外国服务提供者在华设立机构，将不能提供此类服务。因此，该要求将电子支付服务提供者的数量限制为一家，构成垄断而违反《总协定》。

三、涉案措施与国民待遇

美方认为，中方承诺在跨境交付上给予国民待遇，而中方对此予以否认。专家组认为，记载“不受约束”字样表明中方可维持《总协定》第 16 条规定的所有限制措施而不管其是否具有歧视性。而且第 20 条明确规定，除市场准入限制外，即使香港/澳门要求亦构成第 17 条之下影响服务提供的措施并导致他国服务提供者享有的待遇低于跨境交付下中国类似服务和服务提供者，中方市场准入一栏载有“不受约束”字样构成“第 17 条的条件或限制”。这表明，国民待遇受第 16 条制约。尽管跨境交付下国民待遇一栏载有“无限制”字样，中方无义务将国民待遇适用于其他成员国服务提供者。因此，香港/澳门要求在其影响跨境电子支付服务的提供上并非与中方在第 17 条之下的义务相矛盾。以下仅介绍其他三项要求。

（一）发行机构要求

美方指出，发行机构要求使得境内人民币卡及双币卡均带有银联标识，而任何其他服务提供者未能享有如此特权。中方认为应拒绝美方指控，原因在于其未能区分市场准入与国民待遇。专家组认为，境内人民币卡和双币卡须带有银联标识，但不能据此认为不能发行非银联卡。尽管如此，希望有境内商业银行发行其品牌卡的他国服务提供者不得不接受其卡上显著位置印有银联标识这一事实。持卡人也就被不断提醒，电子支付服务存在另一竞争者，即银联。银联从中方要求中还获得了更多利益，如发行机构须免费将其发行的所有卡贴上银联标识，而他国服务提供者则无权将其标识贴在银联卡上。因此，中方要求人民币卡和双币卡须贴上银联标识这一点改变了竞争条件并有利于银联。

专家组认为，互联互通要求确保发行境内人民币卡的所有银行均是银联成员，还要确保所有银联卡或非银联卡均能在银联网络上处理。与此相反，其他成员国服务提供者须说服发行机构加入其网络。他们可能不成功，或至少无法取得同等水平的渗透率。即使取得同等渗透率，与银联不同，他们需要耗费时间和精力。而且，如果中方境内发行机构发行可与其他网络联通的银行卡，这些卡还得与银联联通，但发行银联卡不需要与其他网络联通。因此，互联互通要求同样改变了竞争条件并有利于银联。[1]

（二）终端设备要求

美方认为，终端设备要求在中外服务提供者之间造成了不公平待遇，中方对此无回应。专家组认为，终端设备要求并不阻止其接受能在非银联网络上处理的银行卡，因此其他成员国服务提供者可寻求进入须接受银联卡的终端。但他们可能无法进入所有终端，商业银行、收单机构和商户可拒绝。而且，即使获得同等渗透率，他们需要耗费时间和精力，而银联不需要。据此，终端设备要求改变了竞争条件并有利于银联。

（三）收单机构要求

美方认为，收单机构要求扭曲了银联与外国服务提供者之间的竞争关系，中方对此无特别回应。专家组认为，收单机构

---

〔1〕 专家组还认可了美方观点，即发行机构要求使得三方电子支付服务提供者无法发行其品牌银行卡，原因在于其本身兼作发行机构。

要求中的终端设备要求与终端设备要求一样，改变了竞争条件并有利于银联。如果其他成员国服务提供者希望收单机构加入其网络并能接受与其网络互联互通的银行卡，则须主动采取措施。然而，这种行动能否在收单机构的渗透率上取得同样的水平不无疑问。据此，收单机构要求中的互联互通要求也改变了竞争条件并有利于银联。银联标识须贴上，而希望贴上其标识的他国服务提供者须耗费时间和精力。电子支付标识贴在商户终端上是一个相关问题，因为这提示持卡人，除付现外还可使用银行卡。而且，贴上一种标识而不贴另一种可能误导持卡人，因为缺少特定标识可能意味着不受理该标识卡。所以，收单机构要求中须贴上银联标识同样改变了竞争条件并有利于银联。

四、评论与启示

（一）对专家组报告的评论

专家组支持了美方大部分观点，仅在跨境交付上直接支持中方，在唯一服务提供者要求和异地/跨行要求上间接支持中方。专家组的论证思路清晰，先界定支付服务含义，然后论证电子支付属于中方承诺表中“所有支付和汇划服务”之一，再证明中方以商业存在形式作出了市场准入承诺，为外国服务提供者打开中方市场提供了敲门砖。[1]最后，专家组证明发行机

---

〔1〕 Panagiotis Delimatsis，“The WTO Outlaws the Privileges of the Chinese Payment Services Giant”，2012，available at：http：//ssrn. com/abstract = 2185648．《银行卡联网联合业务规范》已于2013年被中国人民银行废止，但这是在中美电子支付服务争端案作出裁决之后。

构要求、终端设备要求和收单机构要求均违反国民待遇，而香港/澳门要求违反市场准入。专家组的逻辑是，外国服务提供者一旦在华设立机构，后者应有权将其服务出口到港澳地区。只允许银联处理涉港澳人民币电子支付业务构成数量限制，因而违反市场准入原则。但这也等于在将服务出口到港澳这一点上，外国服务提供者在华机构应享有与银联一样的待遇，即国民待遇。虽然专家组绕了很大一圈，但又不得不佩服其论证严密。

专家组报告论证条理分明、详细平实，字里行间充分透露出以理服人的精神，为论证其观点甚至不厌其烦。涉案措施是否存在及到底有哪些涉案措施就占 68 页，而整个报告长达 209 页，完全具备一本专著的篇幅，这不得不令人心生敬意。当然，专家组在解释中方承诺表时未考虑到中方的主观意图，受到部分学者的批评，〔1〕但通观世贸组织的解释实践，“文本”的重要性常被强调至极高的程度，恐怕中国及中国学者无力解决此问题。

（二）对中方涉案措施的评论

为了实现银行卡在全国范围内互联互通，中国人民银行（以下简称“人行”）发布了一系列文件，并主要依靠行政手段推进这项工作。《银行卡联网联合业务规范》规定，银行卡联合组织是具有行业自律性质的全国银行卡联合经营组织。〔2〕银行卡联合经营组织既具有行业协会性质，可采取自律措施，又具

〔1〕 参见崔聪聪：“GATS 承诺表解释的困境与出路——从美国诉中国银联垄断案谈起”，载《经济问题探索》2013 年第 6 期。

〔2〕 参见《关于印发〈银行卡联网联合业务规范〉的通知》第一章第 2.1 项。

有企业性质，可从事经营活动，这是否妥当不无疑问。2011年，中国支付清算协会成立，并于同年在协会下设立了银行卡基支付工作委员会承担自律职能。此工作委员会不具有独立性，是否需要独立及是否需要建立多个银行卡行业协会是未来需要解决的问题。经营职能由中国银联股份有限公司承担，并且银联标识亦借助于行政手段得以在全国推广。联网通用虽具有正当性，但通过行政手段强制联网通用被专家组认定为违反国民待遇，因为外国服务提供者不可能享有此待遇。至于香港/澳门要求更是直接利用行政手段为银联延揽业务，因而该要求亦被专家组认定为违反市场准入原则。

2013年6月，人行发布第7号公告，宣布3个规范性文件废止〔1〕，2个文件失效〔2〕。该公告应视为中方执行本案裁决的行动。对照专家组报告，可发现违反国民待遇的所有文件均已被废止或失效，但《银行卡业务管理办法》例外。不过，该办法仅第64条规定间接支持发行机构要求，即银行卡须遵守国家规定的技术标准。该规定随着《银行卡联网联合业务规范》的废止而失效。然而，涉及香港/澳门要求的3个文件尚未被废

〔1〕 即《关于统一启用“银联”标识及其全息防伪标志的通知》（银发〔2001〕57号）、《关于印发〈银行卡联网联合业务规范〉的通知》（银发〔2001〕76号）和《关于规范和促进银行卡受理市场发展的指导意见》（银发〔2005〕第153号）。

〔2〕 即《关于印发〈2001年银行卡联网联合工作实施意见〉的通知》（银发〔2001〕37号）和《关于进一步做好银行卡联网通用工作的通知》（银发〔2003〕129号）。上述文件已于2013年被中国人民银行宣布失效，但这是在中美电子支付服务争端案作出裁决之后。

止。[1]这是否可理解为，这些文件可暂不废止，原因在于涉案企业在华尚未设立机构。即使设立了机构，也不一定具备向港澳地区出口其服务的能力。是否属于这种情况，尚无法从公开渠道获得证实。

专家组认为，美方未能证明唯一服务提供者要求和异地/跨行禁令违反《总协定》，其主要理由在于，只要贴上银联标识并与其联网通用，涉案措施并不禁止带有其他服务提供者标识的银行卡在中国境内发行与受理，也不禁止后一种卡在非银联网络上进行跨行处理。这是指双币卡，但外国服务提供者是否满足于此不无疑问，其可能要求在华发行仅带有其标识的银行卡并通过其网络实现跨行处理。专家组认为，支持上述要求和禁令的文件并未确立或维持银联为所有人民币银行卡交易排他性提供者的地位，美方也未能指出这些文件中有哪些条款从字面上就禁止非银联服务提供者在境内市场上运营。法律文件及其条款并未确定银联是唯一的服务提供者，但事实上是否是唯一可能得另当别论。不禁止跨国意义上的异地/跨行信息转接也不等于不禁止国内意义上异地/跨行信息转接。实际上，国内从事该业务的公司仅银联一家，构成事实上的唯一服务提供者。银发〔2001〕37号明确要求，2004年起，各行发行的各类没有

---

〔1〕 即《关于在香港办理个人人民币存款、兑换、银行卡和汇款业务的有关银行提供清算安排的公告》（人行公告〔2003〕第16号）；《关于为在澳门办理个人人民币存款、兑换、银行卡和汇款业务的有关银行提供清算安排的公告》（人行公告〔2004〕第8号）；《关于内地银行与香港、澳门银行办理个人人民币业务有关问题的通知》（银发〔2004〕254号）。

"银联"标识的银行卡不能用于异地或跨行使用。[1]虽然该文已于2013年6月被人行宣布失效，但国内尚未出现银联的竞争者，因而国内意义上的异地/跨行禁令事实上也存在。[2]国内意义上的唯一服务提供者要求和异地/跨行禁令与外国服务提供者无关，这或许成为专家组未能认可美方此项指控的一个原因。

（三）本案给中方带来的启示

1. 电子支付市场对外开放的同时也应对内开放。类似银联提供的电子支付服务是否构成一个市场？这个问题在国外已没有疑义，但国内可能并未形成统一认识。国内讨论得较多是银行卡市场，甚至是银行卡发行市场和受理市场。中方在本案中也坚持"支付及汇划服务"仅包含银行卡发行与受理，不包括结算等必要服务。虽然近年来也提及电子支付市场，但更多时候指第三方电子支付市场，即非传统类支付机构以电子支付工具为媒介形成的市场。实际上，电子支付市场应包括传统机构支付工具电子化形成的市场，亦应包括新型机构创新电子支付工具所形成的市场。

中国政府同意于2013年7月底之前执行专家组裁决，这意味着国内电子支付市场正式对外开放。外国服务提供者获得了市场准入机会，可以商业存在形式在华设立机构并享有国民待遇。由此产生的问题是，电子支付市场是否也应对内开放。电子支付服务包括所有必要服务，由此形成一个市场，该市场在

---

〔1〕 参见《关于印发〈2001年银行卡联网联合工作实施意见〉的通知》第2条第2款第1项。

〔2〕 银联要求跨法人线下收单于2013年12月31日，线上收单于2014年7月1日全部移至银联网络，不得直联，再次证明此禁令。

对外开放的同时，也应对内开放。

2. 建立一个公平竞争的电子支付市场环境。回顾银联发展历程可看出，人行旨在推动国内银行卡实现互联互通。其实，实现联网通用的办法有多种。办法之一是将网络作为基础设施，类似于国外电信网或铁路网。网络只有一家，但可建立多家支付卡品牌公司。办法之二是允许或推动民间成立多家拥有自己品牌支付卡和网络的公司。与国内三大移动通信公司均有自己独立的网络类似，虽然有一些浪费，但至少可有一些竞争。办法三是允许或推动国内建立一家公司，在运营全国性网络的同时拥有自己品牌的支付卡。人行利用行政手段建立了一个全国性的网络，成立了一家公司，在较短的时间内形成一个著名品牌，即银联，并具备了一定的国际竞争力。正当维萨、万事达等在中国市场止步不前时，银联却在国际市场进展迅猛。双方利益冲突最终演变为国家层面的贸易争端。结果中方国内市场不得不对外开放，这是好是坏尚难预料。

电子支付市场在对外开放的同时也应对内开放。此时，采取办法二更合适。允许或推动设立新网络公司并经营自己品牌的支付卡，如允许或推动城市商业银行、农村信用社或支付宝公司构成自己单独的系统。考虑到中国市场巨大，成立 2 ~ 3 家此类公司应不成问题，也不会造成银联国际竞争力的减弱，关键在于观念的转变。中国传统上有大一统思想，但市场经济需要多家竞争，因而需要设立多家从事电子支付业务的公司。在此基础上，建立一个内外资、内资与内资之间能够公平竞争的电子支付市场环境应列为政府基本目标。

近十年来，针对电子支付服务市场不公平竞争及垄断问题，西方发达国家采取了一系列行动，以澳大利亚支付系统改革、欧盟委员会行政决定及美国反托拉斯诉讼为代表。上述行动主要针对价格垄断和不公平规则，如禁止收取刷卡附加费、要求受理所有银行卡、禁止诱导使用非银行卡支付等。我国目前银行卡手续费执行政府定价，[1]费用偏高且不太合理，改革方向应转为市场定价。由此，未来也会存在价格垄断问题。我国商户目前普遍不收刷卡附加费，但未来低端商户在成本压力下可能会收取并可能诱导顾客使用非银行卡支付。如果禁止上述做法，将产生不公平问题。银发〔2001〕76号明确规定，特约商户须能够受理所有入网银行卡。[2]但由于刷卡手续费尚未区分不同银行卡，还没有产生不公平问题。如果未来手续费依据不同银行卡的成本和功能不同而收费不同且继续要求受理所有银行卡，也将产生不公平问题。因此，我国应提前对可能存在的不公及垄断问题进行研究，以为政府建立一个公平竞争的市场环境提供参考意见。

3. 充分利用市场机制来推动电子支付服务发展。电子支付服务在我国取得了长足发展，这得益于市场需求、技术进步及政府推动等多种因素。人行利用行政手段推动市场发展，这一举措虽然使得电子交付服务取得了不少进展，但也带来了较大负面影响。最大的负面影响是市场化机制不足，并导致银联垄断、竞争力不强、服务水平不高但价格偏高等问题，以致效率损失。电子支付属于金融服务，电子支付市场属于金融市场。

---

〔1〕 参见《关于优化和调整银行卡刷卡手续费的通知》(发改价格［2013］66号)。

〔2〕 参见《关于印发〈银行卡联网业务规范〉的通知》第二章1.1（c）项。

既然实行市场经济，金融也应市场化。市场化的核心是自由竞争和公平竞争。金融有其特殊性，在世界范围内也是受到广泛监管的行业，但不能借行政监管而取消金融领域中的自由竞争。具体到电子支付市场，未来发展应由市场机制主导。改变银联垄断地位应同时允许内外资准入，以让其享有有限的自由。允许发行机构、特约商户和收单机构享有更多自由，如可选择受理银联卡或非银联卡，未来还可允许其在是否受理不同类型卡中作出选择，如可受理借记卡但不受理信用卡，甚至还可允许特约商户收取刷卡附加费、设置刷卡最低限额等。

后　记

本书是教育部和国家留学基金委员会资助项目的最终成果。2012年笔者申请的教育人文社会科学研究一般项目“非金融机构支付服务监管法律问题比较研究”获准立项（12YJA820103）。同年，笔者以“电子支付服务立法问题比较研究”为题申请国家留学基金委员会资助也获得成功（201208360015）。

2013年3月～2014年2月，笔者在牛津大学法学院访问。在英期间，除旁听本科生和研究生有关课程、参加有关讲座外，笔者将其余时间投入上述项目的研究，并取得了较大进展。回国后，笔者按教育部要求顺利地完成了论文发表以及研究项目的结项工作。

2016年7月，笔者从南昌航空大学文法学院转往重庆工商大学法学院工作。由于需要重新安顿并适应新环境，教学任务繁重，再加上主笔或者参与学院各类项目申报，例如重点学科、法学一级学科硕士点、央地合作、一流专业等，修改并出版研究报告被一再耽搁。

笔者从2000年开始研究电子支付，至今已有18年。发表C

刊论文6篇，北大核心期刊论文2篇，其中3篇被中国人民大学复印报刊资料全文转载。2009年，《网上支付中的法律问题研究》在北京大学出版社出版，此书于2011年获江西省第十四次社会科学优秀成果奖二等奖。

十八载不是短暂的岁月，笔者想借《电子支付服务监管法律问题研究》出版之际作一小结。本书涉及六个核心问题，分别为概念界定、监管主体、市场准入、市场监管、消费者权益保护和电子货币监管，每个问题均可以独立成文并发表。书末附录笔者已经刊发的论文4篇，其中前3篇均发表在C刊上并被中国人民大学复印资料全文转载。

最后，感谢重庆工商大学法学院提供出版资助，感谢中国政法大学出版社出版拙著，感谢艾文婷编辑为本书所做的编校工作。同时，感谢各位亲朋好友的支持，感谢最近两年相继离世的父母的养育之恩。

钟志勇

2018年中秋于弗吉尼亚威廉斯堡

图书在版编目（CIP）数据

电子支付服务监管法律问题研究/钟志勇著. —北京：中国政法大学出版社，2018.11
ISBN 978-7-5620-8650-5

Ⅰ.①电…　Ⅱ.①钟…　Ⅲ.①电子商务－支付方式－法律－研究－中国　Ⅳ.①D923.994

中国版本图书馆CIP数据核字(2018)第247093号

出版者　中国政法大学出版社
地　址　北京市海淀区西土城路25号
邮　箱　fadapress@163.com
网　址　http://www.cuplpress.com（网络实名：中国政法大学出版社）
电　话　010-58908435(第一编辑部)　58908334(邮购部)
承　印　固安华明印业有限公司
开　本　880mm×1230mm　1/32
印　张　7
字　数　150千字
版　次　2018年11月第1版
印　次　2018年11月第1次印刷
定　价　36.00元